AF285798

Roland Schrapp

Spiegelungen des
vorgeburtlichen Daseins
des Menschen in den
Jahrsiebten des Erdenlebens

Roland Schrapp

Spiegelungen des vorgeburtlichen Daseins des Menschen in den Jahrsiebten des Erdenlebens

Bibliografische Information der Deutschen Nationalbibliothek:
Die Deutsche Nationalbibliothek verzeichnet diese Publikation in der
Deutschen Nationalbibliografie; detaillierte bibliografische Daten sind
im Internet über http://www.dnb.de abrufbar.

© 2023 Roland Schrapp – 3. Auflage

Herstellung und Verlag: BoD – Books on Demand, Norderstedt

ISBN: 9783755792888

„Wir erweitern uns zwischen Tod und Neugeburt bis über den gestirnten Himmel hinaus, und seine Kräfte bringen wir in das Leben herein und fühlen sie als die bedeutsamsten Kräfte unserer Seele. Kein Wunder, sind wir doch das äußere Abbild desselben!"

Rudolf Steiner, GA 140, Vortrag vom 17. Februar 1913

„Geisteswissenschaftlich betrachtet stammt ja der Mensch nicht bloß aus der sinnlichen Welt, sondern aus den geistigen Grundlagen der Welt, die hinter der äußeren sinnlichen Tatsachenwelt stehen; sodass der Mensch aus der sinnlichen Welt eben nur herausgeboren ist als ein sinnliches Wesen. Insofern aber der sinnliche Menschenleib durchdrungen ist von Geist und Seele, ist der Mensch als Geist und Seele aus Geist und Seele des Kosmos herausgeboren."

Rudolf Steiner, GA 58, Vortrag vom 9. Dezember 1909

Inhalt

Der Mensch, ein kosmisches Wesen   9

Die vier Naturreiche und die Viergliederung des Menschen   9

Die Dreigliederung des Menschen gemäß der göttlichen Trinität   14

Die Siebengliederung des Menschen gemäß den Planetensphären   17

Die Zwölfgliederung des Menschen gemäß dem Tierkreis   20

Gliederungen des irdischen Lebenslaufes   25

Gliedert sich das gesamte menschliche Erdenleben in Jahrsiebte?   34

Spiegelungen der höheren Daseinsebenen im irdischen Lebenslauf   37

Das Embryonalleben und die Mondensphäre   37

Das 1. Jahrsiebt und die Merkursphäre (Alter: 0 – 7 Jahre)   45

Das 2. Jahrsiebt und die Venussphäre (Alter: 7 – 14 Jahre)   53

Das 3. Jahrsiebt und die Sonnensphäre (Alter: 14 – 21 Jahre)   58

Das 4. Jahrsiebt und die Marssphäre (Alter: 21 – 28 Jahre)   64

Das 5. Jahrsiebt und die Jupitersphäre (Alter: 28 – 35 Jahre)   86

Das 6. Jahrsiebt und die Saturnsphäre (Alter: 35 – 42 Jahre)   93

Das 7. Jahrsiebt und die Tierkreissphäre (Alter: 42 – 49 Jahre)   99

Das 8. Jahrsiebt und die Sphäre des Geistselbstes
(Alter: 49 – 56 Jahre)   108

Das 9. Jahrsiebt und die Sphäre der Keimhülle des Lebensgeistes
(Alter: 56 – 63 Jahre)   124

Das 10. Jahrsiebt und die Sphäre der Keimhülle des Geistesmenschen
(Alter: 63 – 70 Jahre)   132

Das 11. Jahrsiebt und die erste Sphäre des Budhiplans
(Alter: 70 – 77 Jahre)   144

Das 12. Jahrsiebt und die zweite Sphäre des Budhiplans
(Alter: 77 – 84 Jahre)   161

Das 13. und 14. Jahrsiebt (Alter: 84 – 91 Jahre und 91 – 98 Jahre)   167

Abbildungsverzeichnis   173

Der Mensch, ein kosmisches Wesen

Die vier Naturreiche und die Viergliederung des Menschen

Gemeinhin gilt der Mensch als Krönung der biologischen Evolution auf der Erde. Die Naturwissenschaft gesteht der Menschheit allerdings nicht zu, ein eigenständiges viertes Naturreich auf der Erde zu sein, neben den drei Reichen der Mineralien, Pflanzen und Tiere. Stattdessen stellt sie den Menschen, unter Berufung auf den Darwinismus, nur an das obere Ende der Tierreihe und ordnet ihn als die Gattung „Homo" (Mensch) der Familie der „Hominidae" (Menschenaffen) zu, gemeinsam mit den drei übrigen Gattungen „Gorilla", „Orang-Utan" und „Schimpanse". Auf diese Weise wird der Mensch zu einem höher entwickelten Tier degradiert, trotz der Tatsache, dass er es im Verlaufe seiner eigenen Evolutionsreihe bis zum „Homo sapiens" gebracht hat, dem „weisen" oder „verständigen" Menschen.

In dieser Auffassung sieht sich die Naturwissenschaft durch zahlreiche Gemeinsamkeiten des Menschen mit den drei oben genannten Menschenaffengattungen bestätigt. Es ist jedoch augenfällig, dass eine solche Einschätzung auf einer recht oberflächlichen Betrachtungsweise beruht. Denn neben den offensichtlichen Gemeinsamkeiten gibt es doch ganz gravierende Unterschiede.

Da ist zum einen die Fähigkeit des verstandesmäßigen Denkens, über das nur die Menschen verfügen. Des weiteren können sie ihre Gedankengänge, Gefühle und Absichten durch die Sprache anderen Menschen mitteilen. Ein drittes, rein menschliches Merkmal ist der dauerhafte aufrechte Gang, den selbst die höchsten Affenarten nur für kurze Zeit ausführen können.

Diese drei auffälligen Besonderheiten lassen sich an jedem Menschen unmittelbar beobachten, sofern keine Krankheit oder Behinderung entgegensteht. Darüber hinaus gibt es noch ein viertes höchst bedeutsames Merkmal. Das ist das Bewusstsein von sich selbst. Es ermöglicht dem Menschen, sich als ein eigenständiges „Ich" zu erleben, sich selbst auch mit dem Wort „Ich" zu bezeichnen und darüber hinaus eine vollbewusste, rein geistige, schöpferische Produktivität zu entwickeln. Deshalb wird er selbst von der Naturwissenschaft als „Homo sapiens" bezeichnet.

Vergleicht man die unmittelbare Umgebung, in welcher die drei oben genannten Menschenaffengattungen leben, mit der Umgebung, in welcher die Menschen leben, so zeigt sich ein doch beträchtlicher, ja geradezu gigantischer Unterschied. Menschenaffen verändern die natürlichen Gegebenheiten, die sie in ihrer Umgebung vorfinden, nur in geringem Maße, allenfalls um sich ein Nest zum Schlafen zu bereiten. Hierin gleichen sie den anderen Wesen des Tierreiches. Der Nestbau ist ein Verhalten, das sich durch das gesamte Tierreich hindurch zieht als eine vielen Tierarten gemeinsame Eigenschaft.

Menschen hingegen gestalten ihre Umgebung komplett neu! Aus vollbewusster schöpferischer, geistiger Produktivität heraus, planen und bauen sie Häuser, Straßen, Brücken, Geräte, Fahrzeuge, selbst solche, die sich in den Luftraum, ja sogar bis in den Weltraum hinaus erheben können. Darüber hinaus stellen sie sich Kleidung her, mit der sie ihre Körper umhüllen. Keine andere Spezies auf der Erde erschafft sich derart intensiv und umfassend ihre eigene Umgebung und Umhüllung. Leider geschieht das derzeit noch vielfach auf eine die Natur und Umwelt schädigende Weise. Doch glücklicherweise setzt hier inzwischen ein Umdenken ein.

Wer könnte angesichts dieser exorbitanten Unterschiede zwischen Menschen und Tieren daran zweifeln, dass die Menschheit ein ganz eigenständiges, viertes Reich der Erde bildet, welches in beträchtlichem Maße über das Tierreich hinausragt.

Was die Fähigkeit der Sprache angeht, so findet sich diese zwar in Anfängen bereits bei den meisten höher entwickelten Tierarten. Doch sie dient dort lediglich dem Ausdruck von Gefühlszuständen, wie Lust und Leid, sowie zum Ausstoß von Lock- oder Warnrufen. Tiere teilen mit ihren Artgenossen ihre Emotionen, ihr seelisches Befinden. Sie diskutieren keine wissenschaftlichen Fragen wie etwa, ob sich die Sonne um die Erde dreht oder umgekehrt. Sie entwickeln keine philosophischen oder religiösen Ansichten, fragen nicht, ob die Welt von Gott geschaffen wurde oder auf wundersame Weise durch einen Urknall entstanden ist Das Interesse des Menschen beschränkt sich dagegen nicht auf die Erde und die Gegenwart, sondern erstreckt sich weit in den Kosmos hinaus, fragt selbst nach seinem Ursprung und Ziel.

Sieht man sich die vier Naturreiche bezüglich ihrer hauptsächlichen Eigenschaften an, so zeigt sich als grundlegende Eigenschaft des Mineralreichs die Stofflichkeit. Zwar finden wir stoffliche Bestandteile ebenso in den Leibern von Pflanzen, Tieren und Menschen. Jedoch sind diese Leiber belebt. In ihnen kommt als ein eigenständiges, höheres Prinzip zusätzlich das Leben zum Ausdruck. Anders als die Pflanzen zeigen die Tiere darüber hinaus Emotionen, welche sie in unterschiedlichster Weise äußern und damit bekunden, dass sie ein vielfältiges Seelenleben haben. Sie sind, anders als die Pflanzen, mit einer innewohnenden Seele begabt. Beim Menschen allein offenbart sich zu alledem auch noch ein innewohnender Geist. Abbildung 1 zeigt diesen Zusammenhang zwischen den vier Reichen der Erde mit den vier Daseinsarten von Stoff, Leben, Seele und Geist.

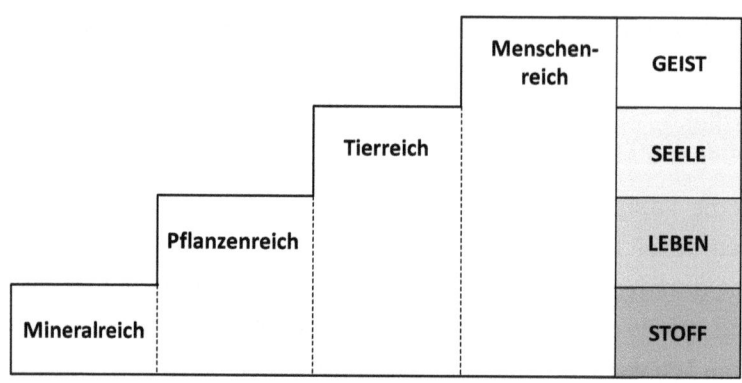

Menschen-reich	GEIST
Tierreich	SEELE
Pflanzenreich	LEBEN
Mineralreich	STOFF

Abbildung 1: Die vier Reiche der Erde und die vier Daseinsarten

Die Anwesenheit dieser vier Prinzipien im Menschen kommt in der Gliederung des menschlichen Leibes unübersehbar zum Ausdruck. Der Kopf ist sein Werkzeug für den Geist, sein Denken und sein Bewusstsein von sich selbst als einem eigenständigen Wesen, einer Individualität, die er als „ich" bezeichnet. Dieses „Ich" ist geistiger Natur und das höchste Wesensglied des Menschen. Das Antlitz ist Ausdruck dieser Individualität. Daher wird zur Identifikation eines Menschen mittels des Personalausweises lediglich ein Foto seines Gesichtes verlangt und nicht seines ganzen Körpers.

Anders als beim Geist, den wir mit unserem Kopf verbinden, empfinden wir unsere Seele und unser Gefühlsleben verbunden mit unserem Brustbereich, insbesondere mit unserem Herzen. Dort findet mithilfe unserer Lungen zudem jener rhythmische Atmungsprozess statt, den wir mit allen seelenbegabten Wesen, also auch mit den Tieren gemeinsam haben. Das entsprechende Wesensglied, das als Träger der Seele dient, wird als Seelen- oder Astralleib bezeichnet.

In der etwas tiefer gelegenen Bauchhöhle werden die von außen zugeführten Nahrungsstoffe verarbeitet, um den Körper am Leben zu erhalten. Eine vergleichbare Tätigkeit findet auch im Pflanzen- und Tierreich statt. Träger all dieser Lebensfunktionen ist der Lebens- oder Ätherleib.

Mit den am Rumpf außen angesetzten vier Gliedmaßen tritt der Mensch in direkten Kontakt mit der physischen Außenwelt. Mit seinen Beinen und Füßen bewegt er sich in ihr. Mit seinen Armen und Händen handelt er und führt er sich seine stoffliche Nahrung zu. Hierfür benötigt er einen entsprechend gestalteten physischen Leib.

Der menschlichen Gestalt liegt offensichtlich eine Viergliederung zugrunde, die belegt, dass die Menschheit als ein viertes Reich der Erde die drei niedrigeren Reiche – Tierreich, Pflanzen- und Mineralreich – in sich vereint und überragt:

GEIST	Ich	Kopf
SEELE	Astral-leib	Brust
LEBEN	Äther-leib	Bauch
STOFF	Phys. Leib	Glied-maßen

**Abbildung 2: Die vier Wesensglieder des Menschen
in Bezug auf die menschliche Gestalt**

Einer weitergehenden Betrachtung ergibt sich, dass das Menschenwesen sich noch auf andere Weise gliedern lässt, wie die folgenden Kapitel zeigen werden.

Die Dreigliederung des Menschen
gemäß der göttlichen Trinität

In der Antike war die Anschauung vorherrschend, dass vor allen Dingen der Geist es ist, der den Menschen zum Menschen macht, ihn in besonderer Weise auszeichnet und auf eine eigene Stufe über das nur seelenbegabte Tierreich erhebt. Diese Anschauung liegt dem deutschen Wort „Mensch" sowie dem englischen Wort „man" zugrunde. Sie sind Spätformen des lateinischen Begriffes „mens" und des mit ihm verwandten Sanskrit-Begriffes „manas", welche beide „Geist, Denkfähigkeit, Verstand" bedeuten.

Sowohl die vorchristlichen Religionen wie auch das Christentum selbst betrachten die Welt und den Menschen als geschaffen von einer höchsten Gottheit, die sich selbst nach außen dreifaltig offenbart. Im Christentum wird die dreieinige und zugleich dreifaltige Gottheit als Vater, Sohn und Heiliger Geist bezeichnet. Doch schon in den älteren Religionen finden wir eine oberste Dreiheit, wie zum Beispiel die Trimurti des Hinduismus, bestehend aus Brahma, Vishnu und Shiva. Nach der Urlehre der Menschheit wurde der Mensch nach dem Bilde der Gottheit erschaffen: dreifaltig, bestehend aus Leib, Seele und Geist.

Solange die Menschen über ein angeborenes Hellsehen verfügten, war ihnen dieses Wissen um die Trichotomie, die Dreigliederung der menschlichen Wesenheit, eine Selbstverständlichkeit. Doch die zunehmende Hinwendung ihrer Aufmerksamkeit auf die physische, irdische Außenwelt bewirkte ein allmähliches Abflauen der ursprünglichen hellseherischen Fähigkeit. Schon bald ging ihnen nicht nur die übersinnliche Wahrnehmung, sondern auch das Verständnis für den Geist als höchstem Wesensanteil des Menschen verloren.

So ergab es sich, dass noch bevor das erste christliche Jahrtausend zu Ende ging, die Bischöfe im Jahre 869 auf dem Konzil zu Konstantinopel den dogmatischen Beschluss fassten, dass der Mensch nur aus Leib und Seele bestehe, wobei letztere allenfalls einige geistige Eigenschaften habe. Der Geist als eigenständiger Wesensbestandteil des Menschen wurde verneint und die Trichotomie, die Dreigliederung des Menschenwesens zur Häresie verdammt.

Noch vor dem Ende des nächsten Jahrtausends ging schließlich auch das Verständnis für die Seele als eigenständigem Wesensbestandteil des Menschen verloren und es setzte sich die naturwissenschaftliche Auffassung durch, dass der Mensch nur aus einem Leib bestehe, der auf irgendeine, bisher noch unerklärliche Weise das Phänomen eines Seelenlebens zustande bringe, welches beim Tode des physischen Leibes konsequenterweise gemeinsam mit diesem sein Ende finden müsse. Damit wurde der Vorstellung eines Weiterlebens des Menschen nach dem Tode als Geist- und Seelenwesen jegliche Grundlage entzogen. Der heute so weit verbreitete Materialismus hat keinerlei Verständnis mehr für ein eigenständiges Dasein der Seele und des Geistes.

Die ursprünglich vertikale Weltanschauung der Menschheit, welche noch weit über die Sinneswelt hinaus in die übersinnlichen Regionen der Seelenwelt und geistigen Welt hinauf ragte, flachte sich immer mehr zu einer horizontalen Weltanschauung ab, die den Blick krampfhaft auf die physische Sinneswelt beschränkt und der Illusion verfallen ist, allein aus dem Stoff und seinen immer weitergehenden Zerteilungen in Atome und Elementarteilchen irgendwann einmal sowohl die Welt wie auch den Menschen schlüssig erklären zu können. Verglichen mit den älteren, weitaus umfassenderen Weltanschauungen kann man durchaus sagen, dass die Menschheit von heute mit ihrem ganz auf die Materie fixierten Erkenntnisstreben geradezu im Staube kriecht.

Das Urwissen der Menschheit umfasste dagegen noch drei Daseinsebenen oder Welten, denen die menschliche Wesenheit angehört und über die sie sich erstreckt als ein geistiges, seelisches und leibliches Wesen. In jeder dieser drei Welten finden stets auch die beiden anderen

Welten ihren Ausdruck, sodass sich jede Welt wiederum als dreigliedrig erweist.

Für die physische Welt resultiert daraus, dass sie sich gliedert in:

- den Fixsternhimmel, als Ausdruck der Grundeigenschaft der geistigen Welt: die dauerhafte Ewigkeit,

- die planetarische Welt mit dem rhythmischen Lauf von Sonne, Mond und Planeten als Ausdruck der Grundeigenschaft der Seelen-Welt: die fließende Zeit,

- und die irdische Welt, deren Grundeigenschaft der statische Raum ist.

Diese makrokosmische Dreigliederung lässt sich am physischen Leib des Erdenmenschen ebenfalls nachvollziehen:

- Der Kopf als oberster Körperteil und Sitz des Geistes ahmt in seiner Kugelform, beziehungsweise der runden Wölbung des Schädels, das Himmelsgewölbe nach.

- Die Brust, der Sitz der Seele, offenbart mit der rhythmischen Atmungstätigkeit und dem Herzschlag einen inneren Zusammenhang mit den Rhythmen der Planetenbewegung.

- Der Bauch und die Gliedmaßen zeigen ihre direkte Beziehung zur physischen Stofflichkeit der irdischen Außenwelt.

So galt den früheren Kulturen der Erdenmensch als ein Mikrokosmos, gebildet nach seinem großen Vorbild, dem Makrokosmos. Man verstand den Menschen als ein kosmisches Geist- und Seelenwesen, das in größeren zeitlichen Abständen in einen irdischen Menschleib einzieht, um dadurch Erfahrungen zu sammeln, die nur in einem leiblichen Dasein auf der Erde im jeweiligen Zeitalter gesammelt werden können.

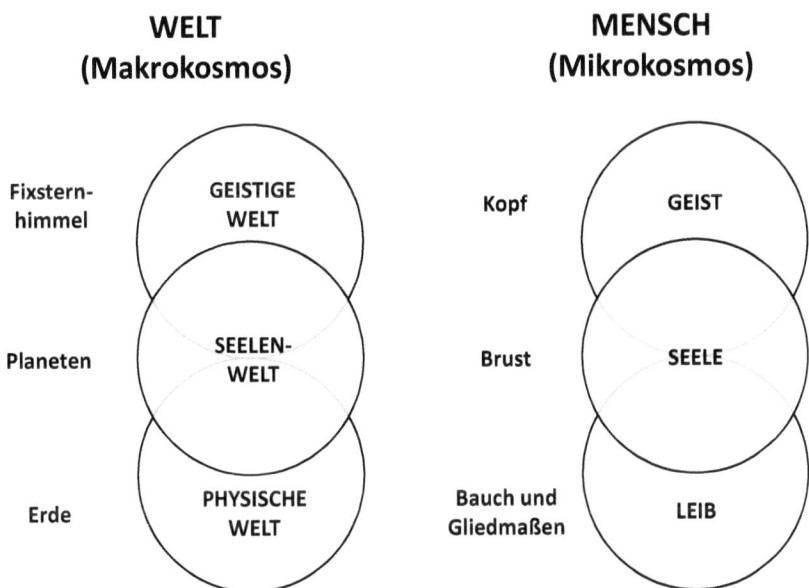

Abbildung 3:
Der Mensch als mikrokosmisches Abbild
des Makrokosmos

Die Siebengliederung des Menschen
gemäß den Planetensphären

Nicht nur der gesamte Menschenleib, sondern selbst Teile desselben weisen auf seine Verwandtschaft mit dem Kosmos hin. Betrachtet man zum Beispiel allein die Lebensfunktionen, so zeigt sich, dass diese eine Siebengliederung aufweisen, gemäß den sieben „traditionellen" Planeten, die den Menschen in der Antike bekannt waren.

Eigentlich ist der rhythmische Lauf der Planeten, wie schon erwähnt, der physische Ausdruck der Seelenwelt. Wie Abbildung 3 zeigt, ragt diese jedoch bis in die obere Hälfte der physischen Welt hinunter. Dadurch prägt sie ihre Eigenschaft des Rhythmischen dem Stoff ein und bringt so die rhythmisch verlaufenden Lebensprozesse zustande.

Rudolf Steiner hat diesen Zusammenhang der sieben Lebenstätigkeiten mit den sieben Planeten folgendermaßen beschrieben:[1]

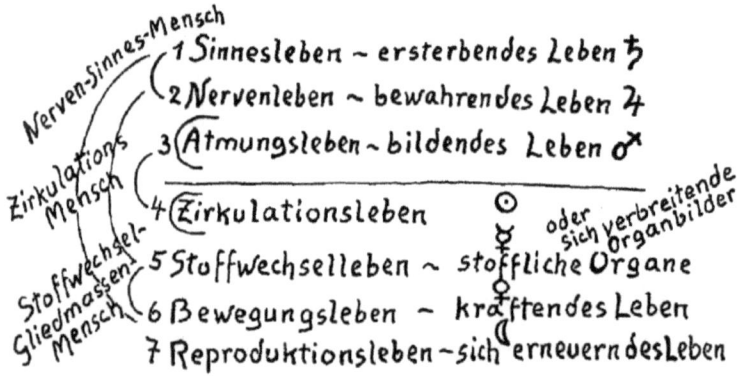

**Abbildung 4: Die sieben Lebenstätigkeiten
des irdischen Menschenleibes**

Aus dieser Auflistung ist ersichtlich, in welcher Weise die Siebengliederung ihren Ausdruck findet. Der G e i s t e s -Anteil des Menschen äußert sich auf der Ebene der Lebenstätigkeiten zweigeteilt, als Sinnesleben (1) und Nervenleben (2). Rudolf Steiner fasst beide Tätigkeiten unter dem Begriff „Nerven-Sinnes-Mensch" zusammen. Der S e e l e n -Anteil des Menschen findet seinen zweigeteilten Ausdruck im Atmungsleben (3) und Zirkulationsleben (4), welche Rudolf Steiner zusammenfassend als „Zirkulationsmensch" bezeichnet. Stoffwechselleben (5) und

---

[1] GA 208 „Anthroposophie als Kosmosophie – Teil II", Dornach, Vortrag vom 29. Oktober 1921.

Bewegungsleben (6) ergeben gemeinsam den eigentlichen L e i b e s - Anteil, den „Stoffwechsel-Gliedmaßen-Menschen".

Mit diesen sechs Lebenstätigkeiten ist der Mensch im Grund vollständig beschrieben. Das Reproduktionsleben (7) stattet ihn zusätzlich mit der Fähigkeit aus, einen kompletten wiederum sechs- bis siebengliedrigen neuen Menschen zu erzeugen.

Die Planetenzeichen für Merkur und Venus hat Rudolf Steiner hier offensichtlich im kopernikanischen Sinne verwendet, wonach Merkur der sonnennächste und Venus der zweitnächste Planet zur Sonne ist. Das ergibt sich auch aus dem dazugehörigen Vortrag, in dem Rudolf Steiner auf die physikalischen Umlaufzeiten der Planeten Bezug nahm, sowie darauf, dass die äußeren Planeten Saturn, Jupiter und Mars bei ihrem Umlauf zeitweise von der Sonne „zugedeckt" werden, wogegen die inneren Planeten Merkur und Venus zeitweise die Sonne „zudecken".

Aus okkulter Sicht kennzeichnet der Planet Merkur, wenn er von der Erde aus gesehen vor der Sonne vorüberzieht, die äußere Grenze der Venussphäre, und der Planet Venus markiert bei seinem Vorüberziehen vor der Sonne die äußere Grenze der Merkursphäre. Merkur, der Gott der Reisenden, wurde in der Antike als Regent des Bewegungslebens des Menschen angesehen, das vor allem in den unteren Gliedmaßen, den Beinen als physischem Fortbewegungsmittel zum Ausdruck kommt. Sie entspringen in der Hüftregion und damit noch oberhalb der Region der Fortpflanzungsorgane. Die Hauptstoffwechselorgane, welche die Nahrungsstoffe für die Aufnahme in den Blutkreislauf vorbereiten, liegen dagegen im Oberbauch, gleich unterhalb des Zwerchfelles. Der Stoffwechsel wird aus antiker und okkulter Sicht von Venus regiert. Sie war nicht nur die Göttin der Liebe und der Schönheit, sondern auch der Fruchtbildung in den Gärten und in der Natur. Die okkulte Reihenfolge der Planetensphären ist daher nicht Mond, Venus, Merkur, Sonne, sondern Mond, Merkur, Venus, Sonne usw.

Die Zwölfgliederung des Menschen gemäß dem Tierkreis

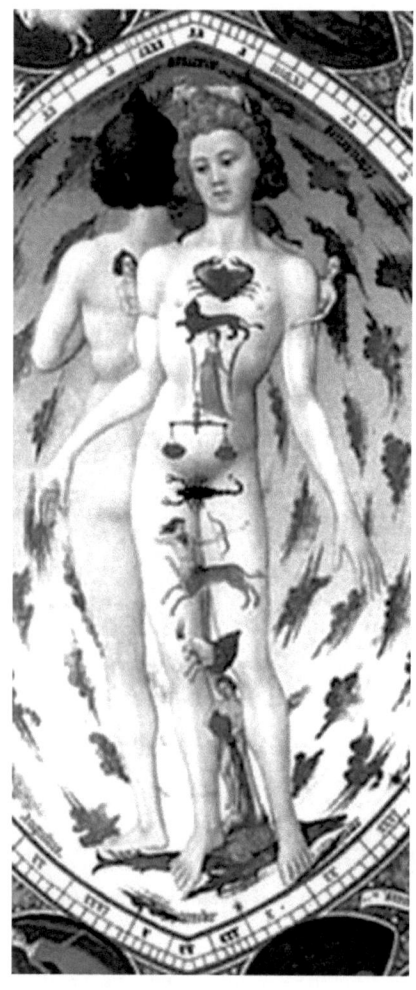

Betrachtet man den irdischen Menschenleib nicht nach seinen Lebensfunktionen, sondern nach seiner äußeren Gestalt, so ergibt sich anstelle einer Siebengliederung gemäß den Planeten eine Zwölfgliederung gemäß dem Tierkreis. Hieran zeigt sich, dass der Mensch in Wirklichkeit dem Fixsternhimmel entstammt, jenem Teil der Welt, durch den sich die geistige Welt zum Ausdruck bringt (vgl. Abbildung 3, Seite 17). Als kosmische Geistwesen erhalten wir auch im Erdenleben eine äußere Gestalt, die vom Scheitel bis zur Sohle genau der Reihenfolge der Tierkreiskräfte folgt, oben beginnend mit dem Widder und unten endend mit den Fischen. Die wohl bekannteste Darstellung dieses Urwissens der Menschheit, das sich bis ins Mittelalter erhalten hat, ist in der nebenstehenden, aus dem 15. Jahrhundert stammenden Abbildung gezeigt.

Abbildung 5:
Die Zwölfgliederung
des Menschen gemäß dem
Tierkreis (aus dem Stundenbuch des Herzogs von Berry)

In Wirklichkeit ist der Mensch also keineswegs das Erdenwesen, als das wir ihn für gewöhnlich ansehen.

Frühere Kulturen, die noch nicht so materialistisch und gänzlich auf die physische Sinneswahrnehmung und das Stoffliche fixiert waren, wie es heutzutage der Fall ist, wussten nicht nur vom Aufbau des Menschen nach kosmischen Prinzipien – seinen Lebensfunktionen gemäß der Siebenzahl und seiner Form gemäß der Zwölfzahl –, sondern sie verfügten darüber hinaus über die klare Kenntnis, dass der Mensch ein Geist- und Seelenwesen ist, das im Kosmos beheimatet ist und nur nach Zeiträumen, die sich nach vielen Jahrhunderten rechnen, für wenige Jahrzehnte in einen irdischen Leib einzieht, um Erfahrungen zu sammeln, die nur auf der Erde gewonnen werden können und die im Dasein zwischen zwei Erdenleben, im Verlaufe eines rein kosmischen Daseins, ausgewertet und zu neuen Fähigkeiten umgewandelt werden.

Diese Weisheit ging der Menschheit, insbesondere der westlichen Welt, in den letzten Jahrtausenden zunehmend verloren. Ihr war stattdessen die Aufgabe zuerteilt, die Aufmerksamkeit immer stärker auf die stoffliche Außenwelt, die physische Natur zu richten, um daran ein logisch strukturiertes, wissenschaftliches Denken zu entwickeln, sowie ein deutlich von der Außenwelt sich abgrenzendes Ich-Bewusstsein. Diese Hinwendung zur physischen Natur führte die westlichen Länder zwangsläufig zunächst in einen theoretischen Materialismus hinein, der die Welt und den Menschen nur noch auf Grundlage des Stoffes zu erklären versuchte.

Doch schon um die Mitte des 18. Jahrhunderts waren sowohl die Fähigkeit, wissenschaftlich zu denken, wie auch die Erkenntnis von der großen Bedeutung des menschlichen Ichs so weit gereift, dass in Mitteleuropa erste tiefgründige Philosophen damit beginnen konnten, das neu errungene Werkzeug wissenschaftlichen Denkens zu verwenden, um unter einem erweiterten Blickwinkel und mit vollbewussten Gedankengängen in höhere Daseinsebenen vorzudringen. Sie strebten danach, die Wissenschaft von der Natur zu ergänzen mit einer Wissenschaft von der Seele und dem Geist, denn sie waren der Auffassung, dass man nur auf diese Weise zu einem umfassenden Verständnis des Menschen und der Welt gelangen könne.

Wegweisend wurde hier die Geistesrichtung des „deutschen Idealismus". Sie brachte im 19. Jahrhundert mit dem philosophischen Dreigestirn J. G. Fichte, Fr. W. J. Schelling und G. W. Fr. Hegel eine ihrer bedeutsamsten Blüten hervor[2]. Anders als ihr Vorgänger Immanuel Kant[3], der mit seinem „kritischen Idealismus" der menschlichen Erkenntnis aus seiner begrenzten Logik heraus noch strikte Grenzen setzte, gelangten sie zu der Einsicht, dass die menschliche Seele mit dem Ich durchaus im Stande sei, bis zu jenem Geist vorzudringen, der sowohl der Natur wie auch dem Menschen in schöpferischem Wirken zugrunde liegt.[4] Damit leisteten sie eine überaus wichtige Vorarbeit hin zu einer Wissenschaft vom Geiste, sodass es Rudolf Steiner später möglich wurde, gerade in Deutschland die Anthroposophie zu begründen, wie er selbst sagt:

„... denn das deutsche Volk ist dazu berufen, seinen Idealismus in lebendige Geist-Erkenntnis umzubilden. Fichte, Schelling, Hegel, die man heute so befehdet, sie haben ein Denken geschaffen, welches zwar nicht schon Spiritualismus ist, nicht Geisteswissenschaft ist, welches aber der Keim der Geisteswissenschaft ist, welches sozusagen, wenn es durchmeditiert wird, wirklich zur Geisteswissenschaft führt." [5]

Weitere bedeutsame, den Boden für die spätere Anthroposophie Rudolf Steiners vorbereitende geistvolle Beiträge leisteten der Theologe und Philosoph Immanuel Hermann Fichte (1796 – 1879), der Sohn J. G. Fichtes, mit seiner „Anthropologie", und der Dichter, Naturforscher und

---

2   Johann Gottlieb Fichte (1762 – 1814), Friedrich Wilhelm Joseph Schelling (1775 – 1854) und Georg Wilhelm Friedrich Hegel (1770 – 1831)

3   Immanuel Kant (1724 – 1804), Königsberger Philosoph

4   Siehe z.B. Rudolf Steiners Bücher „Vom Menschenrätsel" (GA 20) und „Die Rätsel der Philosophie" (GA 18).

5   GA 159 „Das Geheimnis des Todes – Wesen und Bedeutung Mitteleuropas und die europäischen Volksgeister", Nürnberg, Vortrag vom 14. März 1915.

Philosoph Johann Wolfgang von Goethe (1749 – 1832) mit seiner Metamorphosenlehre, sowie der Dichter und Philosoph Gotthold Ephraim Lessing (1729 – 1781) mit seinen „ästhetischen Schriften". Alle drei gelangten aus eigenständiger innerer Betrachtung zur Erkenntnis der Reinkarnation des unsterblichen Geist- und Seelenwesens Mensch.

I. H. Fichte urteilte über die verstorbene Seele: *„Ihrer Organisationskraft muss nur ein anderes Verleiblichungsmittel sich darbieten, um auch in neuer leiblicher Wirksamkeit dazustehen."*[6]

Goethe schrieb in einem Brief an Johann Daniel Falk[7]: *„Ich bin gewiss, wie Sie mich hier sehen, schon tausendmal dagewesen und hoffe wohl noch tausendmal wiederzukommen."*

Lessing brachte seine Überzeugung mit der Frage zum Ausdruck: *„Warum sollte ich nicht so oft wiederkommen, als ich neue Kenntnisse, neue Fertigkeiten zu erlangen geschickt bin?"* und *„Ist diese Idee denn so lächerlich, weil sie die älteste ist?"* [8]

Aus eigener Geisteskraft gelangten diese mitteleuropäischen Denker zur Erkenntnis der Reinkarnation, nicht etwa durch Übernahme indischer Lehren. Diese wurden erst ab dem Jahre 1875 durch H. P. Blavatsky[9] dem Westen bekannt gemacht.

---

6   I. H. Fichte: „Anthropologie", §§ 133 und 134

7   Johann Daniel Falk (1768 – 1826), Schriftsteller und Dichter evangelischer Kirchenlieder

8   Aus Lessings Schrift des Jahres 1780 „Die Erziehung des Menschengeschlechts".

9   Helena Petrovna Blavatsky (1831 – 1891), in Jekaterinoslaw (heute Dnipro, Ukraine) geborene Tochter des aus Mecklenburg stammenden Offiziers Peter von Hahn und der russischen Schriftstellerin Jelena von Hahn (geborene Fadejewa). H. P. Blavatsky, spiritistisches Medium und Autorin esoterischer Bücher, gründete 1875 gemeinsam mit Henry Steel Olcott in New York City die Theosophical Society (Theosophische Gesellschaft), durch welche Auszüge aus den überlieferten indischen Geisteslehren einer breiteren Öffentlichkeit der westlichen Welt bekannt wurden.

Rudolf Steiner (1861 – 1925) äußerte sich zu Beginn des 20. Jahrhunderts aus eigener Geistesforschung ganz im selben Sinne:

„Wozu sollte eigentlich unsere Seele immer wieder in einen irdischen Leib eintreten, wenn sie nicht jedes Mal Neues nicht nur zu erleben, sondern auch zu empfinden und zu fühlen hätte? Dadurch, dass auch die Fähigkeiten der Menschen, auch die Intimitäten des Seelenlebens immer wieder neue werden, sich verändern, dadurch ist es möglich, dass unsere Seele nicht nur wie auf einer Treppe hinaufsteigt von Stufe zu Stufe, sondern jedes Mal ist auch für sie Gelegenheit vorhanden, von außen, durch die Verwandlung der Lebensverhältnisse unserer Erde, Neues in sich aufzunehmen. Nicht bloß durch ihre Verfehlungen, durch ihre karmischen Sünden wird unsere Seele von Inkarnation zu Inkarnation geführt; sondern weil unsere Erde in allen ihren Lebensverhältnissen sich ändert, ist es möglich, dass unsere Seele immer wieder Neues auch von außen aufnehmen kann.“ [10]

Die Umwandlung der hinzugewonnenen Erfahrungen in neue Fähigkeiten erfolgt jedoch erst im Dasein zwischen zwei Inkarnationen in den höheren Welten, die ihren physischen Ausdruck im außerirdischen Kosmos haben. Dort hält sich der Mensch mehrere Jahrhunderte lang auf. Daher machte Rudolf Steiner die bedeutsame Aussage:

__„Der Mensch ist ja auch kein Erdenwesen in Wirklichkeit. Der Mensch ist in Wirklichkeit ein kosmisches Wesen, ein Wesen, das dem ganzen Weltenall angehört.“__ [11]

Das ist der eigentliche Grund, weshalb der irdische Menschenleib eine dem Makrokosmos entsprechende Dreigliederung, Siebengliederung und Zwölfgliederung aufweist.

---

[10] GA 116 „Der Christus-Impuls und die Entwicklung des Ich-Bewusstseins", Berlin, Vortrag vom 25. Oktober 1909.

[11] GA 200 „Die neue Geistigkeit und das Christuserlebnis des 20. Jahrhunderts", Dornach, Vortrag vom 31. Oktober 1920.

Gliederungen des irdischen Lebenslaufes

Nachdem nun festgestellt wurde, dass sowohl die Lebensfunktionen wie auch die leibliche Gestalt des Menschen sich nach der Dreizahl, Siebenzahl und Zwölfzahl gliedern, sollten wir da nicht annehmen dürfen, dass auch d e r i r d i s c h e L e b e n s l a u f des Menschen eine Gliederung nach denselben kosmischen Prinzipien aufweist?

Im ersten Drittel des Erdenlebens überwiegt die l e i b l i c h e Entwicklung. Innerhalb von 3 x 7 Jahren entwickelt sich die kleine, liegende Gestalt eines Neugeborenen zu einem aufrecht stehenden und gehenden Erwachsenen. Eine ebensolche Gliederung in der Lebensmitte ist nach außen hin weniger sichtbar, denn sie findet vor allem in seinem Innenleben, in der S e e l e des Menschen statt. Im letzten Drittel seines Erdenlebens treten schließlich bei jenen, die sich ihre Entwicklungsfähigkeit bis ins Alter hinein bewahrt haben, g e i s t i g e Interessen in den Vordergrund. Und da der Geist der Gegenpol zum Leib ist, geht die beginnende Vergeistigung des Menschen, die ihn in seine himmlische Heimat zurückführen soll, mit einem Abbau seiner stofflichen Leiblichkeit einher. In diesem Sinne gliedert sich der irdische Lebenslauf des Menschen ebenfalls in Abschnitte gemäß der Dreigliederung von Leib, Seele und Geist respektive der göttlichen Trinität.

Schaut man aus dem Blickwinkel des Planetarischen auf das menschliche Erdenleben, erweist es sich darüber hinaus in ähnlicher Weise siebengliedrig wie es bei den Lebensfunktionen der Fall ist. Rudolf Steiner hat in einem seiner Vorträge näher ausgeführt, dass auf dem Umweg über den menschlichen Ätherleib, den Träger der Lebensfunktionen, mit Hilfe der zwei höheren Bewusstseinsstufen „Imagination" und „Inspiration", ein Einblick in die Erlebnisse des Menschen nach dem Tode möglich ist, in genau jene Regionen der Seelenwelt und der niederen geistigen Welt, die ihren physischen Ausdruck in den sieben traditionellen

Planeten haben. Blickt der Mensch in einem bestimmten Alter auf seine bereits absolvierten Lebensabschnitte zurück, so findet er diese in Zusammenhang stehend mit gewissen Planetensphären. Ab dem Alter von 63 Jahren wird es ihm möglich, Zugang zu allen sieben Planetensphären zu erhalten.[12]

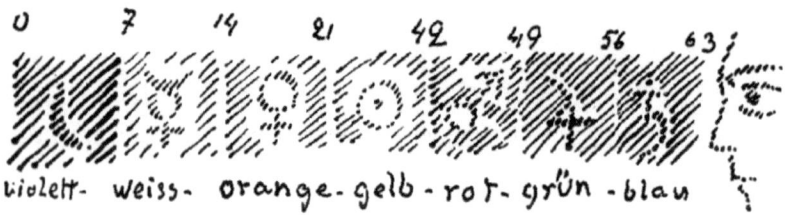

Abbildung 6: Rudolf Steiners Skizze zum Zusammenhang des menschlichen Lebenslaufes mit den sieben Planetensphären

Wie die obige Skizze zeigt, gibt es eine Besonderheit bezüglich der Sonnensphäre. Rudolf Steiner hat ihr drei Jahrsiebte zugeordnet: das 4. bis 6. Jahrsiebt, welche dem Alter von 21 bis 42 Jahren entsprechen.

In anderen Vorträgen beschrieb Rudolf Steiner den Zusammenhang des menschlichen Lebenslaufes mit der Evolution unseres Planetensystems oder auch den Einfluss jener geistigen Wesenheiten, mit denen der Mensch zwischen zwei Inkarnationen zusammenarbeitet, auf die einzelnen Jahrsiebte des irdischen Menschenlebens. Daraus sehen wir, dass letzteres in ganz unterschiedlichen Beziehungen zu den höheren Welten steht. Eine ausführliche Darstellung dieser anderweitigen Blickwinkel auf den menschlichen Lebenslauf würde den Rahmen dieses Buches

---

[12] GA 236 „Esoterische Betrachtungen karmischer Zusammenhänge – Band II",
      Dornach, Vortrag vom 29. Mai 1924.

überschreiten. Der Leser sei hier auf die entsprechenden Vorträge Rudolf Steiners verwiesen.[13]

Noch eine ganz andere Art der Gliederung ergibt sich, wenn man den gesamten Inkarnationskreislauf des Menschen zwischen zwei Inkarnationen berücksichtigt, der sich über zwölf Daseinsebenen erstreckt. Sie spiegeln sich ebenfalls in den Jahrsiebten des irdischen Lebenslaufes wider und haben zur Folge, dass es auch eine Zwölfgliederung des Erdenlebens gibt.

Wenn wir den Begriff „Menschheit" verwenden, meinen wir damit in der Regel nur die auf der Erde in einem physischen Leibe lebenden Menschen. Sie sind jedoch lediglich ein kleiner Teil der Gesamtmenschheit. Selbst in unseren Zeiten, wo wir von Überbevölkerung auf der Erde sprechen, hält sich eine wesentlich größere Anzahl von Menschen in höheren Daseinsbereichen auf und durchläuft dort Erlebnis- und Entwicklungsstufen, innerhalb welcher die Erfahrungen ihrer vergangenen Erdenleben in neue und höhere Fähigkeiten für künftige Erdenleben umgewandelt werden. Dieser Prozess erfolgt in Zusammenarbeit mit den geistigen Wesenheiten der höheren Welten. Dort wird auch das geistige Urbild des künftigen irdischen Menschenleibes ausgearbeitet. Rudolf Steiner wies mehrfach auf diese wichtige Tatsache hin:

„dass der Mensch eigentlich nur während seiner Erdenzeit gewissermaßen an einen Ort gebannt ist, dass er nur während seiner Erdenzeit einen geringen Raum einnimmt, während er in der ganzen Zeit zwischen dem Tod und einer neuen Geburt dem P l a n e t e n s y s t e m und sogar d e r W e l t a u ß e r h a l b d e s s e l b e n in späterer Zeit nach dem Tode einverleibt ist. Wenn wir für die Entwickelung zwischen der Geburt und dem Tode oftmals sagen, um einen okkulten Tatbestand auszudrücken, der Mensch zeige sich als eine Art mikrokosmischen Abbildes des Makro-

---

13 GA 96 „Ursprungsimpulse der Geisteswissenschaft", Berlin, Vortrag vom 4. März 1907, sowie GA 236 „Esoterische Betrachtungen karmischer Zusammenhänge – Band II", Dornach, Vortrag vom 18. Mai 1924.

kosmos, so müssen wir jetzt sagen: Zwischen dem Tod und einer neuen Geburt ist eigentlich der Mensch selber makrokosmisch; er ist ergossen in den Makrokosmos; er erweist sich da so recht als ein makrokosmisches Wesen, denn er muss in dieser Zwischenzeit die Kräfte, die er für seine nächste Inkarnation braucht, aus dem Makrokosmos ziehen.“ [14]

Während dieser makrokosmischen Phase unseres Daseins arbeiten wir mit Unterstützung durch höhere geistige Wesenheiten unser Schicksal im nächsten Erdenleben aus. Das ermöglicht uns, angehäuftes negatives Karma, das heißt Schicksalsschulden, die wir durch falsches Denken, Fühlen und Handeln verursacht haben, ausgleichen zu können. Auf diese Weise schreiten wir in unserer Entwicklung Stufe für Stufe voran und werden am Ende der Erdenevolution imstande sein, vollständig in höhere Daseinsebenen aufzusteigen.

Abbildung 7 zeigt die zwölf Daseinsebenen, innerhalb welcher die kosmische Entwicklung der heutigen Menschheit stattfindet. Die unterste Ebene entspricht dem Dasein in der physischen Welt, dem Erdenleben. Darüber liegen sieben planetarische Daseinsebenen, welche sich über die Seelenwelt und die niedere geistige Welt erstrecken, sowie vier stellare Daseinsebenen in der höheren geistigen Welt, die mit dem Fixsternhimmel in Verbindung stehen.[15]

In ähnlicher Weise wie der Erdenmensch nur mit seinen Füßen, ja sogar nur mit seinen Fußsohlen, die Erde berührt und auf ihr schreitet, aber mit seinem Haupt in den Kosmos hinausweist, entspricht das gesamte menschliche Erdenleben gewissermaßen nur den „Füßen“ des kosmischen Menschen, während sein „Haupt“ bis an die oberste Grenze der geistigen Welt hinaufragt. Die irdische Menschengestalt ist somit ein

---

[14] GA 140 „Okkulte Untersuchungen über das Leben zwischen Tod und neuer Geburt“, München, Vortrag vom 28. November 1912.

[15] Siehe z.B. GA 9 „Theosophie“, Kapitel „Die drei Welten“ sowie GA 141 „Das Leben zwischen dem Tod und einer neuen Geburt im Verhältnis zu den kosmischen Tatsachen“, Berlin, Vortrag vom 1. April 1913.

Sinnbild der gesamten makrokosmischen Menschenwesenheit, ganz im Sinne des Goetheschen Ausspruches: „Alles Vergängliche ist nur ein Gleichnis".

					Die 14 Erlebnisstufen des menschlichen Inkarnationskreislaufes		
Die 12 Daseinsebenen, innerhalb welcher sich die heutige Menschheit entwickelt					2. Region	14	Budhi-plan
					1. Region	13	
4 stellare Daseinsebenen	Hintergrund des Fixsternhimmels	12	7. Region	höhere geistige Welt		12	
		11	6. Region			11	
		10	5. Region			10	
	Tierkreissphäre	9	4. Region			9	
7 planetare Daseinsebenen	Saturnsphäre	8	3. Region	niedere geistige Welt		8	
	Jupitersphäre	7	2. Region			7	
	Marssphäre	6	1. Region			6	
	Sonnensphäre	5	7. Region	höhere Seelenwelt		5	
	Venussphäre	4	6. Region			4	
	Merkursphäre	3	5. Region			3	
	Mondensphäre	2	4. Region / 1. - 3. Region	niedere Seelenwelt		2	
Physische Welt	Erde	1				1	

Abbildung 7:
Die 12 Daseinsebenen und 14 Erlebnisstufen des Menschenwesens

Bezüglich der einzelnen Sphären weist die Seelenwelt zwei Besonderheiten auf. Zum einen besteht die Mondensphäre aus drei Regionen der Seelenwelt, während sonst jede Region einer einzelnen Sphäre entspricht. Zum anderen liegt die 4. Region der Seelenwelt, die auch „Region von Lust und Unlust" genannt wird, z w i s c h e n der Monden- und der Merkursphäre, als Übergang von der niederen zur höheren Seelenwelt. Rudolf Steiner erklärte hierzu:

„Bis zur Region von Lust und Unlust, also bis dahin, wo die Seele gleichsam z w i s c h e n d e m M o n d u n d M e r k u r sich befindet, ist sie noch innig mit Sehnsucht nach ihrem letzten Erdenleben behaftet." [16]

Die geistige Welt wird gelegentlich auch als „Vernunftwelt" oder mit dem indischen Begriff „Devachan"[17] bezeichnet, was etwa „Ort der Götter" bedeutet. Entsprechend spricht man statt von niederer und höherer geistiger Welt dann vom unteren und oberen Devachan. Darüber befindet sich der sogenannte Budhiplan. Er wird mit einem westlichen Begriff die „Welt der Vorsehung" genannt. Ein Aufenthalt dort ist nur menschlichen Wesen möglich, die schon heute außerordentlich hohe Entwicklungsstufen erreicht haben und im Dienste der Christus-Wesenheit zum Wohle der Menschheit tätig sind. Mit östlichen Begriffen werden sie Bodhisattvas und Buddhas genannt.

„So steigen die Bodhisattva-Wesenheiten zwischen zwei Inkarnationen hinauf bis zum Budhiplan, und bis zum Budhiplan reicht dasjenige, was ihnen vollbewusst als Lehrer entgegentritt: die Wesenheit des Christus. Auf dem Budhiplan begegnen sich die Bodhisattvas und der Christus." Dort sind sie wie zwölf Schüler um Christus als dem Dreizehnten in ihrer Mitte gruppiert und nehmen von ihm dasjenige als Lehren entgegen, *„was sie auf die Erde herunter zu tragen haben."* [18]

Weniger hoch entwickelten Menschen ist nach Aussagen Rudolf Steiners in der Mitte zwischen zwei Inkarnationen wenigstens der Einblick in die unteren Regionen des erhabenen Budhiplans mit den in ihm tätigen Wesenheiten erlaubt:

„Der Mensch, sagte ich, geht hinauf zwischen dem Tode und einer neuen Geburt bis zu dem oberen Devachan oder der Vernunftwelt. Dort s i e h t

---

[16] GA 141 „Das Leben zwischen dem Tod und einer neuen Geburt im Verhältnis zu den kosmischen Tatsachen", Berlin, Vortrag vom 1. April 1913.

[17] sprich: Dewatschan

[18] GA 116 „Der Christus-Impuls und die Entwicklung des Ich-Bewusstseins", Berlin, Vortrag vom 25. Oktober 1909, gegen Ende des Vortrages.

er hinein in höhere Welten, in denen er nicht selber drinnen ist, und sieht jene über ihm stehenden Wesenheiten in diesen höheren Welten wirken. Während der Mensch sein Leben zubringt in Welten vom physischen Plan bis zum Devachanplan, ist es das Normale einer Bodhisattva-Wesenheit, dass sie bis in den Budhiplan hinaufgeht, was wir in Europa die Welt der Vorsehung nennen. Das ist ein gutes Wort, denn es ist ihre Aufgabe, die Welt von Zeitalter zu Zeitalter mit Vorsehung zu lenken." [19]

Mit welchem Grad von Bewusstsein ein Mensch seinen Durchgang durch die höheren Welten erlebt, hängt maßgeblich von seiner Entwicklungsstufe ab. Wer im Erdenleben sich lediglich die gängige materialistische Weltanschauung zu eigen macht und die Existenz höherer Welten ablehnt, wird nach dem Tode wenig Anknüpfungspunkte aus seinem Erdenleben mitbringen, die einer vollbewussten Entwicklung in den höheren Welten als Grundlage dienen können. Vieles wird dann traumhaft durchlebt, mitunter sogar tief schlafend durcheilt werden. In einem solchen Falle wird der Mensch recht bald wieder auf der Erde inkarnieren, anders als jene Menschen, die mit einem reichen spirituellen Bewusstseinsinhalt in die höheren Welten aufsteigen und dort sehr vieles zur Verfügung haben, das sie in Gemeinschaft mit den höheren Wesenheiten weiterentwickeln und in neue Fähigkeiten umwandeln können.

Insgesamt durchläuft der Mensch in seinem Inkarnationskreislauf nicht nur zwölf, sondern vierzehn Erlebnisstufen, wie in der rechten Hälfte von Abbildung 7 (Seite 29) dargestellt ist. Könnten wir über die zwölf Daseinsebenen hinaus keine Erlebnisse haben, blieben wir in die „drei Welten" eingeschlossen. Niemals würde es uns möglich werden, uns in Richtung des Budhiplans hinauf zu entwickeln.

Rudolf Steiner hat die vierzehn Erlebnisstufen seinem „Seelenkalender" zugrunde gelegt. Dort hat er die Erlebnisse der Jupitersphäre und

---

19 Ibidem.

der Saturnsphäre zusammengefasst hat, sodass daraus entsprechend den dreizehn Wochen eines Vierteljahres jeweils dreizehn Sprüche für jede Jahreszeit entstanden sind, insgesamt zweiundfünfzig. Ausführliche Informationen hierzu bietet des Autors Buch „Der anthroposophische Seelenkalender und der Inkarnationskreislauf des Menschen".[20]

Die vierzehnte Stufe stellt den Gipfel der nachtodlichen Entwicklung dar. Rudolf Steiner nennt sie die „große Mitternachtsstunde des Daseins".[21] Der Mensch ist hier seinem Ursprung am nächsten und wird innerlich von höchsten göttlichen Kräften durchflammt. Derart gestärkt, beginnt er bald darauf, sich nach einem neuen Erdenleben zu sehnen und das Urbild seines künftigen Erdenleibes auszuarbeiten. Er steigt dann stufenweise wieder hinab.

Die zwölf Stufen des Daseins zwischen zwei Erdenleben finden auch im irdischen Lebenslauf des Menschen ihren Ausdruck, in der Reihenfolge der Jahrsiebte. Rudolf Steiner hat das zwar in keinem seiner Vorträge ausdrücklich beschrieben. Zumindest ist nach Kenntnis des Autors kein solcher Vortrag erhalten geblieben. Vermutlich wollte Rudolf Steiner aber einfach abwarten, bis er ein ausreichend hohes Lebensalter erreicht hat, um über eine größere Anzahl von Jahrsiebten aus seinen eigenen Erdenerfahrungen heraus sprechen zu können. Aus diesem Grunde hat er wohl auch den in Abbildung 6 (Seite 26) dargestellten Zusammenhang der Jahrsiebte mit den Planetensphären, welcher nur die ersten dreiundsechzig Jahre eines menschlichen Erdenlebens umfasst, erst im Jahre 1924 seinen Zuhörern offenbart, nachdem er selber dreiundsechzig Jahre alt geworden war.

---

[20] Roland Schrapp, „Der anthroposophische Seelenkalender und der Inkarnationskreislauf des Menschen", Verlag Books on Demand (BoD), Norderstedt.

[21] z.B. GA 153 „Inneres Wesen des Menschen und Leben zwischen Tod und neuer Geburt", Wiener Vortragszyklus, oder GA 205 „Menschenwerden, Weltenseele und Weltengeist – Teil I".

Die Zwölfgliederung des irdischen Lebenslaufes umfasst jedoch noch weitere Jahrsiebte, die mit den Sphären des Fixsternhimmels jenseits der Planetenwelt in Beziehung stehen. Leider war es Rudolf Steiner nicht vergönnt, diese Jahrsiebte auf Erden verbringen zu können. Dennoch waren ihm die Entwicklungsstufen des Menschen in den Sternensphären ebenso bekannt wie auch die Tatsache, dass das menschliche Erdenleben noch eine andere Gliederung aufweist als die von ihm in den oben erwähnten Vorträgen beschriebene. Das belegt Rudolf Steiners Vortrag aus dem Jahre 1922 über das tiefgreifende Wissen der Ärzte der antiken Mysterienschulen. Darin sprach er überraschenderweise von einem Zusammenhang des dritten Jahrsiebts (14 bis 21 Jahre) des menschlichen Erdenlebens mit der Sonnensphäre und des sechsten Jahrsiebts (35 bis 42 Jahre) mit der Saturnsphäre:

„Und so muss auch das menschliche Leben betrachtet werden. Kam also ein hilfesuchender Kranker im Alter von vierzehn bis einundzwanzig Jahren – die Dinge sind approximativ – zu einem Mysterienarzt, so wusste dieser: es gibt eine Anzahl von Erkrankungen, die einfach etwas zu tun haben mit dem Durchgange des Menschen durch die Sonnensphäre bei seinem Heruntersteigen aus der Planetenwelt in die physische Welt. War der Kranke im Alter von fünfunddreißig bis zweiundvierzig Jahren, so wusste der Mysterienpriester, welche Krankheiten etwas zu tun haben mit dem Durchgange des Menschen durch die Saturnsphäre bei seinem Herabsteigen. Also er fragte sich vor allem nach dem Zusammenhang des Erdenlebens mit den Erfahrungen und Erlebnissen des Menschen im Dasein zwischen Tod und neuer Geburt." [22]

Diese Aussage weicht von der in Abbildung 6 (Seite 26) gezeigten und auf rein planetarischer Sichtweise beruhenden Skizze Rudolf Steiners ab. Dort ordnet er das dritte Jahrsiebt (Alter: 14 – 21 Jahre) der Venussphäre zu. Das sechste Jahrsiebt (Alter: 35 – 42 Jahre) ordnet er

---

[22] GA 218 „Geistige Zusammenhänge in der Gestaltung des menschlichen Organismus", Berlin, Vortrag vom 7. Dezember 1922.

gemeinsam mit dem vierten und fünften Jahrsiebt der Sonnensphäre zu. Zusammenfassend gibt er für sie das Alter von 21 – 42 Jahren an.

Blickt man dagegen aus stellarer Sicht im Sinne des zwölfgliedrigen Tierkreises auf das menschliche Erdenleben, so ergibt sich exakt die im obigen Zitat angegebene Zuordnung der Sonnensphäre zum dritten Jahrsiebt und der Saturnsphäre zum sechsten Jahrsiebt des irdischen Lebenslaufes. Die folgenden Kapitel werden das bestätigen.

Zuvor soll jedoch noch kurz der Frage nachgegangen werden, ob denn wirklich das ganze menschliche Erdenleben sich in Jahrsiebte gliedert oder ob sich eine solche Gliederung nicht nur auf die Kindheit, Jugend und allenfalls noch die frühen Jahre des Erwachsenenlebens beschränkt.

Gliedert sich das gesamte menschliche Erdenleben in Jahrsiebte?

Wer sich schon einmal näher mit Rudolf Steiners Gliederung des menschlichen Erdenlebens in Jahrsiebte beschäftigt hat, wird sicherlich auf Anmerkungen seinerseits gestoßen sein, wonach eine solche Unterteilung vor allem die erste Lebenshälfte betrifft, ganz besonders die ersten drei Jahrsiebte mit ihren unübersehbaren Veränderungen hinsichtlich der körperlichen, seelischen und geistigen Entwicklung des heranwachsenden Menschen. Bei den darauf folgenden Jahrsiebten sind die Unterschiede weitaus weniger auffällig, was eine klare Abgrenzung schwieriger macht. Der Hauptgrund dafür liegt darin, dass nach dem 21. Lebensjahr weitere körperliche Veränderungen nur noch sehr langsam stattfinden und die weitere seelisch-geistige Reifung ein innerer Vorgang ist. Viele Menschen legen zudem wenig Wert auf eine solche

Weiterentwicklung. Sie halten sich als junge Erwachsene schon für voll ausgereift.

Doch selbst bei jenen, die sich seelisch-geistig weiterentwickeln möchten, besteht oft wenig Interesse, den eigenen Lebenslauf einmal genauer dahingehend zu untersuchen, ob und inwiefern auch die Jahre nach dem 21. Lebensjahr noch eine Gliederung in Jahrsiebte aufweisen. Oft erinnern sie sich ohnehin nur noch an wenige einschneidende Erlebnisse, die sie dann nicht mehr genau einem bestimmten Jahr zuordnen können. Das alles macht es selbstverständlich schwierig, eine Gliederung nach Jahrsiebten auch im weiteren Leben noch zu entdecken.

Rudolf Steiner spricht hier tatsächlich von einem Unterschied zwischen der ersten und der zweiten Lebenshälfte:

„Sie erinnern sich, dass wir – es ist das zum Beispiel ausgeführt in dem kleinen Schriftchen «Die Erziehung des Kindes vom Gesichtspunkte der Geisteswissenschaft»[23] – in dem einzelnen Menschenleben einzelne Perioden unterscheiden, so die Periode von der physischen Geburt bis ungefähr in das 7. Jahr, in die Zeit des Zahnwechsels hinein, dann vom 7. bis ungefähr in das 14. Jahr, dann wieder ungefähr vom 14. bis zum 21. Lebensjahr, Perioden also, welche von sieben zu sieben Jahren ungefähr verlaufen. Das geht ziemlich r e g e l m ä ß i g , diese Einteilung des Menschenlebens in solche einzelne Zeiträume, in der ersten Hälfte eines normalen Lebens. U n r e g e l m ä ß i g wird diese Einteilung, diese Gliederung in siebenjährige Perioden in der zweiten, in der absteigenden Lebenshälfte. Aus dem Grunde wird das so, weil wir in Bezug auf die erste Hälfte unseres Lebens eigentlich diejenigen Gesetze und Tatsachen heute ausleben, die eine Art Wiederholung des regelmäßigen Entwickelungsganges der Menschheit seit Urzeiten her sind, während wir in der zweiten Hälfte unseres Lebens noch nicht etwas ausleben, was in der äußeren Welt schon geschehen ist,

---

23 enthalten in GA 34 „Luzifer-Gnosis 1903 – 1908".

sondern was erst in der Zukunft geschehen wird. Es wird daher die zweite Hälfte des Lebens in der Zukunft beim Menschen viel regelmäßiger wer-den, als sie heute schon ist, immer regelmäßiger und regelmäßiger." [24]

Für die meisten Menschen trifft also zu, dass sich die späteren Lebensjahre nicht mehr so deutlich und regelmäßig in Siebener-Gruppen gliedern lassen. Das muss jedoch keineswegs so sein. Sobald ein Mensch den Weg der Geistesschülerschaft betritt, schreitet er der allgemeinen Entwicklung der Menschheit voraus. Die Folge davon ist, dass sich bei ihm dasjenige, was bei den meisten Menschen erst *„in der Zukunft"* eintreten wird, schon im jetzigen Erdenleben zu zeigen beginnt: eine regelmäßige Gliederung nach Jahrsiebten auch in der zweiten Lebenshälfte.

Um anschauliche Beispiele dafür geben zu können, in welcher Weise sich das äußern kann, hat der Autor dieses Buches nach längerem Zögern sich dazu durchgerungen, in den nun folgenden Kapiteln stets auch einige biographische Details aus seinem eigenen Lebenslauf preis-zugeben und offen zu legen, wie er selbst diese regelmäßige Gliederung in jenem Teil seiner zweiten Lebenshälfte erlebt hat, auf den er bereits zurückblicken kann. Daraus wird auch ersichtlich werden, wie es ihm überhaupt möglich wurde, seine in den letzten Jahren veröffentlichten Bücher zu schreiben. Nicht aus abstrakten Gedankengängen heraus ist das vorliegende Buch entstanden, sondern aus aufmerksamer Betrach-tung des eigenen Lebenslaufes.

---

[24] GA 118 „Das Ereignis der Christus-Erscheinung in der ätherischen Welt", Pforzheim, Vortrag vom 30. Januar 1910.

Spiegelungen der höheren Daseinsebenen im irdischen Lebenslauf

Das Embryonalleben und die Mondensphäre

Das menschliche Erdenleben beginnt eigentlich nicht mit der Geburt, sondern mit der Empfängnis. Sie leitet einen Prozess ein, durch welchen das seelisch-geistige, kosmische Menschenwesen sich schrittweise mit seinem künftigen Erdenleib im Schoße seiner Mutter verbindet. Der Mensch besteht bis zu diesem Zeitpunkt aus den drei Wesensgliedern Ätherleib, Astralleib und Ich. Solange der Ätherleib noch nicht mit der Aufgabe beschäftigt ist, einen physischen Leib mit Lebenstätigkeiten zu durchdringen, tritt seine zweite wichtige Fähigkeit in den Vordergrund, die ihn als Träger des Gedächtnisses auszeichnet. Diese Eigenschaft wird für den Menschen zum besonders eindrucksvollen Erlebnis sowohl wenn er durch die Empfängnis sich mit einem neuen physischen Leib verbindet, wie auch wenn er sich beim Tode aus demselben wieder zurückzieht. Vor dem Seelenauge des Verstorbenen erscheint sogleich ein von den Gedächtniskräften des Ätherleibes aufgebauter, bildhafter Überblick über das gesamte gerade beendete Erdenleben, das sogenannte „Lebenspanorama". Diesem Vorgang entspricht ein spiegelbildliches Ereignis unmittelbar zu Beginn einer neuen Inkarnation. Der in den Schoß seiner künftigen Mutter einziehende Mensch erlebt eine Vorschau auf sein nun beginnendes neues Erdenleben.

„Beim Eintritt in eine neue Verkörperung ist es nun so: Das Ich steigt aus der geistigen Welt herab, mit allen bis dahin erworbenen unvergänglichen Extrakten sowohl des Ätherischen als auch des Astralen. Zunächst zieht es naturgemäß alle astralen Qualitäten zu seinem neuen Astralleibe

zusammen, die seiner bisherigen Entwickelung entsprechen, und dann erst in derselben Weise die ätherischen Qualitäten. Alles das spielt sich ab in den ersten Tagen nach der Empfängnis, und erst vom achtzehnten bis zwanzigsten Tag danach arbeitet der neue Ätherleib selbständig an der Entwickelung des physischen Menschenkeimes, während vorher der Äther- leib der Mutter das vollzieht, was später vom Ätherleib zu besorgen ist. Erst mit diesem achtzehnten bis zwanzigsten Tag nach der Empfängnis nimmt sozusagen die Individualität, die sich da verkörpern will und die bis dahin ihr Ich mit einem neuen Astralleib und Ätherleib umkleidet hat, Besitz von dem bis dahin von der Mutter gebildeten physischen Leibe.

In dem Augenblick, ehe diese Besitzergreifung erfolgt, besteht also die menschliche Wesenheit genau aus denselben Wesensgliedern wie in dem Augenblick des Todes; im letzteren Falle hat sie gerade den physischen Leib in jenem Augenblick abgeworfen, im ersteren Falle den physischen Leib noch nicht aufgenommen. Daraus wird Ihnen leicht verständlich sein, wie im Moment, da der Mensch seinen neuen physischen Leib betritt, etwas Analoges zu dem Moment auftritt, wo er diesen ablegt. In diesem Augen- blick hat der Mensch dann eine Art Vorschau über sein kommendes Leben, so wie er im Augenblick des Todes eine Rückschau auf das verflossene Leben hatte. Diese Vorschau aber vergisst der Mensch, weil die Konstitu- tion seines physischen Leibes noch nicht geeignet ist, diese Vorschau gedächtnismäßig zu behalten." [25]

Im Anschluss an das Erleben des Lebenspanoramas nach dem Tode weitet sich der verstorbene seelisch-geistige Mensch hinaus in die Mon- densphäre. Dort entwöhnt er sich allmählich seiner niedersten Leibes- triebe und sinnlichen Begierden. Dieser Vorgang spiegelt sich in einem analogen, wenn auch genau umgekehrten Prozess im Embryonalleben nach der Empfängnis wider, denn am Aufbau eines neuen Menschen- leibes sind die Mondenkräfte als Herrscher über alle Vorgänge, die mit

---

[25] GA 100 „Menschheitsentwicklung und Christus-Erkenntnis", Kassel, Vortrag vom 23. Juni 1907.

der Fortpflanzung zu tun haben, maßgeblich beteiligt. Das hat schon Rudolf Steiners Darstellung in Abbildung 4 (Seite 18) gezeigt, wo er das „Reproduktionsleben" dem Mond zuordnete. Die Reproduktion oder Fortpflanzung irdischer Lebewesen erfolgt in aller Regel auf leidenschaftliche Weise, das heißt unter Beteiligung jener Kräfte, die den drei niederen Regionen der Seelenwelt angehören und gemeinsam die Mondensphäre bilden (siehe Abbildung 7, Seite 29). Dadurch wird im Erdenmenschen die Dreigliedrigkeit des kosmischen Menschenwesens nach Leib, Seele und Geist veranlagt.

Die unterste Region enthält die gröbsten Triebe des menschlichen L e i b e s , seine sinnlichen Begierden und Instinkte. Sie wird daher als „Region der Begierdenglut" bezeichnet. Im Embryonalleben bewirken diese Kräfte in unschuldiger Weise den Lebenserhaltungstrieb des Menschen, indem der Fötus ein Verlangen nach Nahrung und Wärme entwickelt. Im Mutterleib wird dieses Verlangen automatisch gestillt. Nach der Geburt wird jedoch unübersehbar, vor allem unüberhörbar, wie stark dieser Trieb ist. Der Säugling fordert eindringlich und lautstark, dass sein Trieb befriedigt werde.

In der zweiten Region finden sich die niedrigsten Triebe der S e e l e , die Empfindsamkeit und Erregbarkeit. Sie trägt den Namen „Region der fließenden Reizbarkeit". Hierdurch wird die Möglichkeit im Menschen veranlagt, auf äußere Sinnesreize seelisch reagieren und Sensibilität entwickeln zu können.

In der dritten Region kommen die niedrigsten Triebe des G e i s t e s als Wünsche und Sehnsüchte zum Ausdruck. Sie heißt daher „Region der Wünsche".[26] Was hier veranlagt wird, bildet den Boden für ein Streben, das später bis zu hohen geistigen Idealen entwickelt und veredelt werden kann.

---

[26] GA 141 „Das Leben zwischen Tod und neuer Geburt im Verhältnis zu den kosmischen Tatsachen", Berlin, Vortrag vom 1. April 1913.

Während seines Aufenthaltes in der Mondensphäre nach dem Tode ist der Mensch im Wesentlichen mit sich selbst beschäftigt. Er lebt in Bildern seines letzten Erdenlebens. In dieser ersten Zeit des nachtodlichen Daseins ist daher zunächst noch kein geselliges Leben mit anderen Verstorbenen oder höheren Geistwesen möglich. In analoger Weise ist der Fötus im Mutterleib ebenfalls ganz bei sich selbst, schläft und lebt in Traumbildern. Nur im Unterbewusstsein fühlt er die Anwesenheit der Mutter und weiterer Familienangehöriger, die seiner Geburt entgegensehen.

Der Leib des Embryos ist während der Schwangerschaft vom Mutterleib umgeben wie die Erde von der Bahn des sie umkreisenden Mondes. In der Astrologie steht der Mond entsprechend für die Frau und Mutter. Darüber hinaus bewirkt der Mond die Gezeiten in den Ozeanen und Meeren der Erde. Er regiert über alles Wässrige, auch über das Fruchtwasser, in welchem der Embryo in der Fruchtblase schwimmt. Es ist die Grundlage für alle Lebensprozesse. Nur in wässrigem Milieu können in dem jungen Keim die sieben planetarischen Lebensfunktionen in Gang gebracht und aufrecht erhalten werden.

Seiner äußeren Gestalt nach zeigt der frühe Embryo annähernd Kreisform. In diesem Stadium prägen sich ihm die zwölf Kräfte des Tierkreises ein, welche Woche für Woche die menschliche Gestalt heranbilden. Als ein kosmisches Geistwesen, das der Mensch in Wirklichkeit ist, kann er nur in einem physischen Leibe leben, dessen Gestalt nach kosmischen Kräften und Gesetzmäßigkeiten aufgebaut ist. Rudolf Steiner hat hierzu einmal eine Skizze an die Tafel gezeichnet und mit den Worten erläutert:

„Wenn Sie den menschlichen Embryo nehmen, so müssen Sie ihn eigentlich, wenn Sie den Tierkreis aufzeichnen, aus seiner eigenen Gesetzmäßigkeit heraus so zeichnen. [...]

Wenn Sie den Tierkreis so zeichnen, so um-
formen, dass seine Gesetzmäßigkeit in Bezug
auf die Erde zum Vorschein kommt, dann
bekommen Sie durch innere Gesetzmäßigkeit
die Form des menschlichen Embryos. Und Sie
haben damit unmittelbar gegeben, dass der
menschliche Embryo allerdings aus dem gan-
zen Universum heraus gebildet wird, dass er
ein Ergebnis des Universums ist. "[27]

Abbildung 8:
Rudolf Steiners
Skizze eines mensch-
lichen Embryos

Erst wenn der Embryo zu einer den kosmischen Gesetzmäßigkeiten und Kräften
entsprechenden, menschlich geformten Ge-
stalt herangereift und dann auch noch soweit gefestigt ist, dass es ihm
möglich wird, in einer Außenwelt mit harten Gegenständen zu leben
und Luft zu atmen, kann er zu einem wirklichen Erdenwesen werden.
Er wird als ein zunächst noch zartes, äußerst empfindsames Menschen-
kind geboren. Sein irdischer Menschenleib ist dann gegliedert nach den
kosmischen Prinzipien der Dreiheit (Kopf, Brust und Unterleib als Ausdruck von Geist, Seele und Leib), der Siebenheit der Planeten (sieben
Lebenstätigkeiten) und der Zwölfheit des Tierkreises oder Fixsternhimmels (zwölf Abschnitte der menschlichen Gestalt).

Doch nicht nur in Aufbau und Funktionalität des Leibes finden diese
drei Prinzipien ihren Ausdruck. Sie prägen ebenso den nachfolgenden
Lebenslauf des neuen Erdenbürgers. Wie könnte es anders sein, wenn
ein kosmisches Geistwesen sich auf der Erde weiterentwickelt.

Abbildung 9 zeigt diesen Zusammenhang zwischen der Mondensphäre und dem Embryonalleben (grau unterlegt), sowie schon etwas
vorausgreifend den Zusammenhang zwischen der Merkursphäre und

---

[27] GA 208 „Anthroposophie als Kosmosophie", Dornach, Vortrag vom
28. Oktober 1921.

dem ersten Jahrsiebt nach der Geburt, was später noch genauer erörtert werden soll.

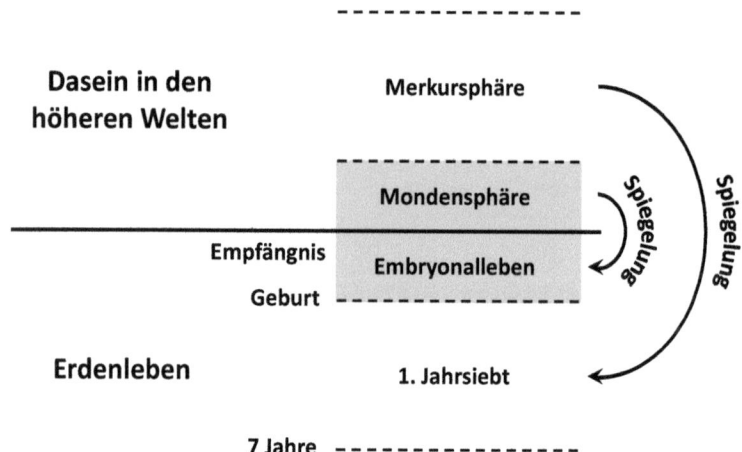

Abbildung 9:
Spiegelungen der Mondensphäre und der Merkursphäre
im irdischen Lebenslauf

Auch noch unter einem ganz anderen Gesichtspunkt hat Rudolf Steiner auf den inneren Zusammenhang zwischen dem nachtodlichen Aufenthalt in der Mondensphäre und dem vorgeburtlichen Embryonalleben hingewiesen. Denn wenn wir nach dem Tode uns zunächst in die Mondensphäre hinaus weiten und im Verlaufe weniger Jahrzehnte das sogenannte Kamaloka durchlaufen, ist das eine Art nachtodlichen Embryonallebens hinsichtlich des anschließenden jahrhundertelangen Daseins zwischen Tod und neuer Geburt.

„Bevor wir in vollem Sinne hier in die physische Welt eintreten, machen wir ja die Embryonalzeit durch, in der die Bedingungen des Lebens ganz andere sind als von dem Momente an, wo wir voll in die

physische Welt als Atmer der äußeren Luft eingetreten sind. In einem gewissen Sinne und Stile ist die Zeit, die wir im ersten Geistesjahr durchmachen – was so oftmals die Kamalokazeit genannt worden ist –, schon ähnlich der Embryonalzeit. Denn wie der Mensch gewissermaßen ein anderes menschliches Wesen zu Hilfe nimmt, von dem er sich durch zehn Mondenmonate hereintragen lässt in die physische Welt, so lässt er sich durch all das, was ihn zusammenhält an Wünschen und Begierden mit der physischen Welt, die er langsam abstreift, in die geistige Welt hineintragen. Und es ist das Bewusstsein in diesem ersten Geistesjahr – dreißig Jahre nach dem Tode – noch etwas ähnlich dem Bewusstsein hier in der physischen Welt, wenn auch die Fertigkeiten und dergleichen, die nur in der physischen Welt angeeignet werden können, nur mittelbar durch den ätherischen Leib vermittelt sein können." [28]

Das Leben im Mutterleib dauert zehn Mondmonate und damit grob gerechnet fast ein „Erdenjahr". Der nachtodliche Übergang aus dem Erdenleben in die höheren Welten dauert nach Rudolf Steiners Angaben ein „Geistesjahr", das etwa dreißig Erdenjahren entspricht. So lange braucht es, bis der Mensch nach dem Tode den von ihm noch nicht umgearbeiteten Teil seines Astralleibes abgelegt hat.

Auf der Erde erleben wir uns immer im Mittelpunkt der Welt und blicken hinaus in den Umkreis. Nach dem Tode erleben wir uns im Umkreis und blicken in Richtung Mittelpunkt. Wir bewegen uns dann auch fortwährend entlang dieses Umkreises und brauchen etwa 30 Jahre bis wir einen Umlauf vollzogen haben. Der nächste Umlauf erfolgt auf einer höheren Stufe. Dieses Verhältnis von Mittelpunkt und Umkreis findet in der Natur seinen Ausdruck darin, dass ein Umlauf der Erde um die Sonne e i n Erdenjahr dauert, der Umlauf des äußersten der traditionellen Planeten, des Saturn um die Sonne jedoch ca. 30 Jahre. Seine genauere siderische Umlaufzeit beträgt 29,5 Jahre.

---

[28] GA 168 „Die Verbindung zwischen Lebenden und Toten", Zürich, Vortrag vom 3. Dezember 1916.

„Wenn der Mensch nun seit längerer Zeit gestorben ist, hat er seinen astralischen Leib vollständig abgelegt. Dies geschieht erst nach Jahrzehnten, weil die Bewegung, die wir in der geistigen Welt absolvieren, eine viel langsamere ist als die Bewegung in der physischen; dreißig Jahre geistiger Welt entspricht ungefähr einem Jahr physischer Welt. Der Mensch hastet hier in der physischen Welt; in der geistigen Welt hat er immer eine Umdrehung gewissermaßen in einem viel größeren Kreise zu vollführen als hier in der physischen Welt. Kurz, ein Jahr physischer Welt entspricht dreißig Jahren geistiger Welt, in dreißig Jahren geistiger Welt erlebt man etwa dasselbe Weltstück wie in einem Jahr physischer Welt; man erlebt das Weltstück dadurch innerlicher, intensiver. [...]

Der Mensch rückt, indem er die Entwickelung zwischen dem Tod und einer neuen Geburt durchmacht, langsamer vor, um alles gründlicher zu machen. Und zwar rückt er sovielmal langsamer vor in der geistigen Welt, als der Saturn langsamer um die Sonne herum läuft als die Erde. Der Saturn läuft um sovielmal langsamer um die Sonne herum als die Erde, als der Mensch sich in der geistigen Welt langsamer bewegt als hier auf der physischen Erde." [29]

Nach einer anderweitigen Aussage Rudolf Steiners dauert das Kamaloka etwa ein Drittel des Erdenlebens. Das obige Rechenbeispiel mit einer Kamaloka-Dauer von 30 Jahren würde daher auf ein Lebensalter von 90 Jahren zutreffen. Doch auch wenn jemand „nur" 80 Jahre alt wird, resultieren daraus schon fast 27 Jahre Kamaloka-Zeit, also grob gerechnet wiederum die oben erwähnten dreißig Jahre. Bei solchen Rechenbeispielen muss immer berücksichtigt werden, dass sie zwar ungefähre, aber dennoch real existierende Analogien beschreiben.

---

[29] Ibidem.

Das 1. Jahrsiebt und die Merkursphäre (Alter: 0 – 7 Jahre)

Mit der Geburt zu Beginn des ersten Jahrsiebts ändern sich die Verhältnisse für den neuen Erdenbürger radikal. Das Kind wird aus einem vorher noch wässrigen Zustand auf die feste Erde hinaus versetzt. Es schläft und träumt sich in das Erdenleben hinein, ähnlich wie der Verstorbene sich in sein Nachtodleben hinein schläft und träumt. Erst allmählich gewöhnen sich dabei die Seelensinne des Neuverstorbenen an die Umwelt. Ebenso benötigen die physischen Sinne des Neugeborenen längere Zeit bis sie die irdische Außenwelt deutlich wahrnehmen können.

Das Kind lernt zunächst seine unmittelbare Umgebung kennen. Es beginnt damit sogleich, eine immer stärker werdende Anhänglichkeit an dieselbe zu entwickeln. Das ist der polar entgegengesetzte Prozess zum nachtodlichen Erleben in der Merkursphäre. Dort muss sich der Mensch in umgekehrter Weise all seiner sinnlichen Freude und Lust an der ehemaligen physischen Außenwelt und irdischen Natur entwöhnen.

„Die Naturschwärmerei, insofern sie einen sinnlichen Charakter an sich getragen hat, unterliegt zum Beispiel hier der Läuterung. Man muss aber diese Art von Naturschwärmerei wohl unterscheiden von jenem höheren Leben in der Natur, das geistiger Art ist und welches den Geist sucht, der sich in den Dingen und Vorgängen der Natur offenbart. Diese Art von Natursinn gehört zu den Dingen, die den Geist selbst entwickeln und die ein Bleibendes in diesem Geiste begründen. Von diesem Natursinn ist aber eine solche Lust an der Natur zu unterscheiden, die ihren Grund in den Sinnen hat. Dieser gegenüber bedarf die Seele ebenso der Läuterung wie gegenüber anderen Neigungen, die im bloßen physischen Dasein begründet sind." [30]

---

[30] GA 9 „Theosophie", Kapitel „Die drei Welten", Abschnitt II „Die Seele in der Seelenwelt nach dem Tode".

Was wir uns nach dem Tode in der Merkursphäre abgewöhnen, die Hinneigung zur irdischen Sinneswelt, müssen wir uns auf der Erde im ersten Jahrsiebt neu angewöhnen, um überhaupt in richtiger Weise als Erdenmenschen leben zu können. Darüber hinaus fangen wir schon bald damit an, die Merkur-Fähigkeiten des Sprechens, Denkens und aufrechten Gehens auszubilden. Sie sind alle drei Ausdruck des im Menschen anwesenden Geistes. Durch sie erheben wir uns gleich im ersten Lebensjahr über das Tierreich und bezeugen, dass wir einem eigenständigen höheren Reich angehören.

Die Merkursphäre gehört zwar der höheren Seelenwelt an und nicht der geistigen Welt. Insofern mag es merkwürdig erscheinen, dass im 1. Jahrsiebt bereits geistige Eigenschaften des Menschen zum Vorschein kommen. Jedoch werden die drei Sphären der höheren Seelenwelt – die Merkur-, Venus- und Sonnensphäre – von den drei Sphären der niederen geistigen Welt – der Mars-, Jupiter- und Saturnsphäre – durchdrungen. Rudolf Steiner nennt daher die höhere Seelenwelt *„eine Art geistiger Region des Seelengebietes, der Seelenwelt."*[31] Das gegenseitige Durchdringen der hier genannten seelischen und geistigen Sphären wird an späterer Stelle noch genauer erläutert.

Über den beschriebenen Zusammenhang zwischen der Merkursphäre und dem 1. Jahrsiebt hinaus gibt es noch einen weiteren. Anders als beim Embryonalleben, wo wir im Mutterleibe noch ganz mit uns allein sind, lernen wir gleich nach der Geburt die uns am nächsten stehenden Menschen kennen. Dadurch entwickeln wir uns allmählich zu einem sozialen Wesen. Das geschieht in erster Linie durch Nachahmung von Verhaltensweisen der Eltern und Geschwister sowie der engeren Verwandtschaft und dem Freundeskreis der Familie. Sie alle sind die wichtigsten Vorbilder für unser Sozialverhalten. Von ihnen übernehmen wir die wichtigsten Impulse für unseren eigenen späteren moralischen oder

---

[31] GA 141 „Das Leben zwischen Tod und neuer Geburt im Verhältnis zu den kosmischen Tatsachen", Berlin, Vortrag vom 1. April 1913.

unmoralischen Lebenswandel. Unser Sozialverhalten und unser morali-
sches Niveau sind nun gerade bei den nachtodlichen Erlebnissen in der
Merkursphäre ebenfalls von ausschlaggebender Bedeutung, wie Rudolf
Steiner schilderte:

„Es hängt, wenn man nämlich zwei Menschen oder verschiedene Men-
schen nach dem Tode vergleicht, die Art, wie sie da leben gerade nach der
Zeit, die unmittelbar nach dem Kamaloka-Leben [in der Mondensphäre]
folgt, ab von der moralischen Verfassung, die sie auf der Erde gehabt
haben. Menschen, die auf der Erde gute moralische Eigenschaften gezeigt
haben, haben die günstigsten Bedingungen in der Zeit nach dem Kama-
loka; Menschen, die mangelhafte moralische Eigenschaften gezeigt haben,
haben schlechte Bedingungen. [...] Durch moralische Verfassung unserer
Seele werden wir in diesem charakterisierten Zeitpunkte gesellige Geister,
die mit den anderen Geistern, also mit menschlichen oder mit Geistern der
höheren Hierarchien, Geselligkeit haben. Durch mangelhafte moralische
Verfassung unserer Seele werden wir nicht gesellige, sondern einsiedleri-
sche Geister, solche Geister, die über den Nebel ihrer Vision nur außer-
ordentlich schwer hinaus können. Und dies ist ein wesentlicher Grund des
Leidens nach dem Tode, des Sich-Fühlens als ein einsamer Geist, als ein
geistiger Einsiedler; während es ein wesentliches Merkmal der Geselligkeit
ist, den Zusammenhang zu finden zu dem, was für einen notwendig ist,
was man braucht. Und es ist eine ganz lange Zeit nötig für das Leben nach
dem Tode, um diese Sphäre zu durchleben, die man im Okkultismus die
M e r k u r s p h ä r e nennt." [32]

Des Weiteren besteht ein inniger Zusammenhang zwischen dem ethi-
schen Niveau eines Menschen im früheren Erdenleben und seiner Anlage für Gesundheit oder Krankheit im nächsten Leben. Schlechte äußere
Bedingungen im ersten Jahrsiebt aufgrund ungünstigen Karmas können
zu Krankheiten wie etwa der Rachitis führen. Auch bedrückende seeli-

---

[32] GA 141 „Das Leben zwischen Tod und neuer Geburt im Verhältnis zu den
      kosmischen Tatsachen", Berlin, Vortrag vom 5. November 1912.

sche Erlebnisse in der frühen Kindheit als Folge eigenen Fehlverhaltens im vorhergehenden Leben bewirken eine Disposition zu Erkrankungen. In welcher Weise sich das erste Jahrsiebt gestaltet, ist daher von großer Bedeutung für unseren weiteren Gesundheitszustand. Dennoch sollten wir Krankheiten nicht als karmische Strafe auffassen. In Wirklichkeit helfen sie uns, Kräfte zu entwickeln, die wir benötigen, um moralische Schwächen zu überwinden und uns in Harmonie mit der seelischen und geistigen Welt zu bringen. Diesen Zusammenhang lernen wir in der Merkurregion in allen Einzelheiten kennen.

„Krankheiten werden vom Menschen in der Merkurregion in ihren geistigen Ergebnissen hinweg genommen. Und da erleben wir dann zuerst, wenn wir dieses beobachten, wie in der Sternenwelt, die die eigentliche Welt der Götter ist, Physisches und Moralisches ineinander wirken. [...] So erleben wir, wenn wir durch die Pforte des Todes gegangen sind und in die Merkurregion eingetreten sind, das Fortgehen der geistigen Effekte der Krankheiten, sehen, wie sie aufgenommen werden von den geistigen Wesen, diese geistigen Effekte der Krankheiten, und der Eindruck ist der: Jetzt seid Ihr versöhnt, o Götter! Das ist eine sehr wichtige Tatsache im Bereich unseres Lebens zwischen dem Tod und einer neuen Geburt. Solche Tatsachen, man hat sie einmal gekannt. [...] Da wusste man auch, dass man über das Wesen der Krankheiten erst erfahren kann, was der Wahrheit entspricht, wenn die Wahrheit von den Merkurwesen kommt. Daher war alles Heilwesen, alles medizinische Wissen, das Geheimnis von gewissen Mysterien, den Merkurmysterien." [33]

Das Hineinleben in die physische Sinneswelt im 1. Jahrsiebt, die Entwicklung unseres Sozialverhaltens und die Veranlagung eines stabilen oder schwachen Gesundheitszustandes sind das gespiegelte Gegenbild unserer nachtodlichen Erlebnisse in der Merkursphäre. Dort entwachsen wir und entwöhnen uns dem ganzen Zusammenhang mit der

---

[33] GA 239 „Esoterische Betrachtungen karmischer Zusammenhänge – Band V", Paris, Vortrag vom 24. Mai 1924.

materiellen, physischen Sinneswelt. Im 1. Jahrsiebt auf der Erde leben wir uns dagegen von Jahr zu Jahr immer intensiver in sie ein. Im Verlaufe dieses Prozesses muss der inkarnierende seelisch-geistige Mensch den über die Vererbungslinie als ein „Modell" zubereiteten, belebten physischen Leib zu sich selbst in Harmonie bringen. Inwieweit ihm das gelingt, hängt von den Kräften ab, die er sich aus seinem Dasein zwischen dem letzten Tode und der neuen Geburt mit in das neue Erdenleben herunter bringt. Die Kinderkrankheiten sind das äußere Erscheinungsbild dieses Prozesses. Rudolf Steiner spricht hierbei sogar von einem „inneren Kampf":

„Was der Mensch da hat als seinen Körper i n d e n e r s t e n s i e b e n L e b e n s j a h r e n, das ist eben einfach ein Modell, nach dem er sich richtet. Entweder es gehen seine geistigen Kräfte in einem gewissen Grade in dem unter, was ihm da durch das Modell aufgedrängt wird, und er bleibt ganz vom Modell abhängig, oder er arbeitet in den ersten sieben Lebensjahren durch das Modell dasjenige durch, was das Modell verändern will. Dieses Arbeiten, dieses Durcharbeiten findet seinen äußeren Ausdruck. [...] Das gibt einen Kampf in den ersten sieben Lebensjahren. Vom geistigen Gesichtspunkte aus gesehen, bedeutet dieser Kampf dasjenige, was dann äußerlich symptomatisch in den Kinderkrankheiten zum Ausdrucke kommt. Kinderkrankheiten sind der Ausdruck dieses inneren Kampfes. Es treten natürlich bei den Menschen ähnliche Formen des Erkranktseins auch später auf. Das ist dann der Fall, wenn die Sache zum Beispiel so ist, dass jemand in den ersten sieben Lebensjahren es nicht sehr gut dazu gebracht hat, das Modell zu überwinden. Dann kann in einem späteren Lebensalter ein innerer Drang auftauchen, nun doch das, was da karmisch in ihm geblieben ist, herauszukommen. Er kann in seinem achtundzwanzigsten, neunundzwanzigsten Lebensjahre plötzlich innerlich aufgerüttelt werden, gegen das Modell nun erst recht anstoßen, und bekommt dann eine Kinderkrankheit." [34]

---

[34] GA 235 „Esoterische Betrachtungen karmischer Zusammenhänge – Band I", Dornach, Vortrag vom 1. März 1925.

Wir sehen daran, wie deutlich sich die zentralen Themen der Erlebnisse in der Merkursphäre nach der Geburt im 1. Jahrsiebt widerspiegeln: Auseinandersetzung mit der physischen Außenwelt, Sozialverhalten im Zusammenleben mit anderen Menschen, sowie Gesundheit und Krankheit im Erdenleben.

Wenn wir uns eine Vorstellung vom Dasein in den höheren Welten machen wollen, so müssen wir berücksichtigen, dass der Übergang von einer Sphäre zur anderen nicht so von statten geht, als würden wir durch eine Tür oder über eine Grenzlinie ganz abrupt in andere Verhältnisse hinüber schreiten. Die Sphären sind nicht so streng von ihren Nachbarsphären getrennt, wie das in vereinfachter Weise in Abbildung 9 (Seite 42) durch die gestrichelte Linie zwischen der Mondensphäre und der Merkursphäre dargestellt ist. In Wirklichkeit überlappen sie sich, sodass jede Sphäre fast bis zur Hälfte in die nächsttiefere hinunter ragt und ebenso fast bis zur Hälfte in die nächsthöhere hinauf. Für den Verstorbenen hat das zur Folge, dass zu den Erlebnissen, die er hat, zunächst vereinzelt solche ganz neuer Art hinzutreten, die nach einer gewissen Zeit zu seinen hauptsächlichen Erlebnissen werden, während die Erlebnisse der vorherigen Art im Bewusstsein mehr in den Hintergrund treten.

Im Erdenleben zeigt sich diese gegenseitige Durchdringung benachbarter Sphären darin, dass sich der besondere Charakter eines Jahrsiebts immer schon in den letzten Jahren des vorhergehenden ankündigt und nach Ablauf des Jahrsiebts noch in die ersten Jahre des folgenden hinüber wirkt. Zu den sieben Jahren eines Jahrsiebts gehören folglich immer noch 2 ½ bis 3 vorangehende und ebenso viele nachfolgende Jahre. Daher dürfen wir zur Zahl 7 noch 2 x 2 ½ = 5 Jahre addieren und erhalten insgesamt 12 Jahre, oder wir addieren 2 x 3 = 6 Jahre und erhalten insgesamt 13 Jahre für den Wirkungszeitraum eines Jahrsiebtes.

Ein Vorgang, der seinen Schwerpunkt im 1. Jahrsiebt hat, wie etwa die Auseinandersetzung mit den Stoffen der irdischen Welt, beginnt folglich schon im Mutterleib und nimmt bis zur Geburt hin zu. Krankheiten durch Unterversorgung als Folge karmischer Verfehlungen im früheren Leben können ebenfalls schon während des Embryonallebens veranlagt werden. Auch das soziale Milieu, in das die Mutter während der Schwangerschaft eingebunden ist, hat Auswirkungen auf den Fötus im Mutterleib. So strahlen die Kräfte der Merkursphäre, welche das 1. Jahrsiebt beherrschen, in das vorangehende Embryonalleben aus, wenngleich dieses in erster Linie von den Kräften der Mondensphäre beherrscht wird. Umgekehrt strahlen die Kräfte der Mondensphäre in die Zeit nach der Geburt aus, denn nicht nur der Fötus ist von der Nahrung aus dem Leib der Mutter abhängig, sondern auch das Neugeborene, insofern es noch einige Zeit gesäugt wird und des ständigen körperlichen Kontaktes mit der Mutter oder einer sonstigen pflegenden Person bedarf. Auch bei der Mutter selbst zeigt sich das Weiterwirken der Mondenkräfte bis in die ersten Jahre des 1. Jahrsiebtes ihres Kindes hinein. Sie produziert noch eine ganze Weile Muttermilch.

An den Kinderkrankheiten sehen wir dagegen, wie die Kräfte der Merkursphäre in die ersten zwei bis drei Jahre des 2. Jahrsiebts hinüber wirken, welches von den Kräften der Venussphäre beherrscht wird. Das Auftreten der Kinderkrankheiten ist daher nicht auf die ersten sieben Lebensjahre beschränkt, sondern reicht drei Jahre weiter, bis zum Alter von etwa 10 Jahren. Gemäß der oben zitierten Aussage Rudolf Steiners zu den Kinderkrankheiten gibt es sogar Fälle, in denen solche in noch späteren Jahren auftreten können. Ursache hierfür ist jeweils eine besondere karmische Konstellation.

In Abbildung 10 wurde versucht, das Hinüberwirken der Sphärenkräfte in die benachbarten Sphären bildlich darzustellen. In der oberen Bildhälfte deuten die äußeren Pfeile, welche von der Merkursphäre aus nach oben zeigen, das Hinaufwirken der Merkurkräfte in die untere Hälfte der Venussphäre an. Die ebenfalls von der Merkursphäre aus-

gehenden, nach unten gerichteten äußeren Pfeile sollen das Hinunter-
wirken der Merkurkräfte in die obere Hälfte der Mondensphäre darstellen. Die inneren Pfeile in der oberen Bildhälfte sollen zeigen, dass die
Kräfte der Mondensphäre und der Venussphäre ebenso in die Merkursphäre hineinwirken.

Durch die Spiegelung der Sphärenkräfte im Erdenleben kommt es
dann eben auch zu einem ebensolchen Hinüberwirken der Kräfte eines
jeden Jahrsiebtes sowohl in das vorangehende wie auch in das nachfolgende.

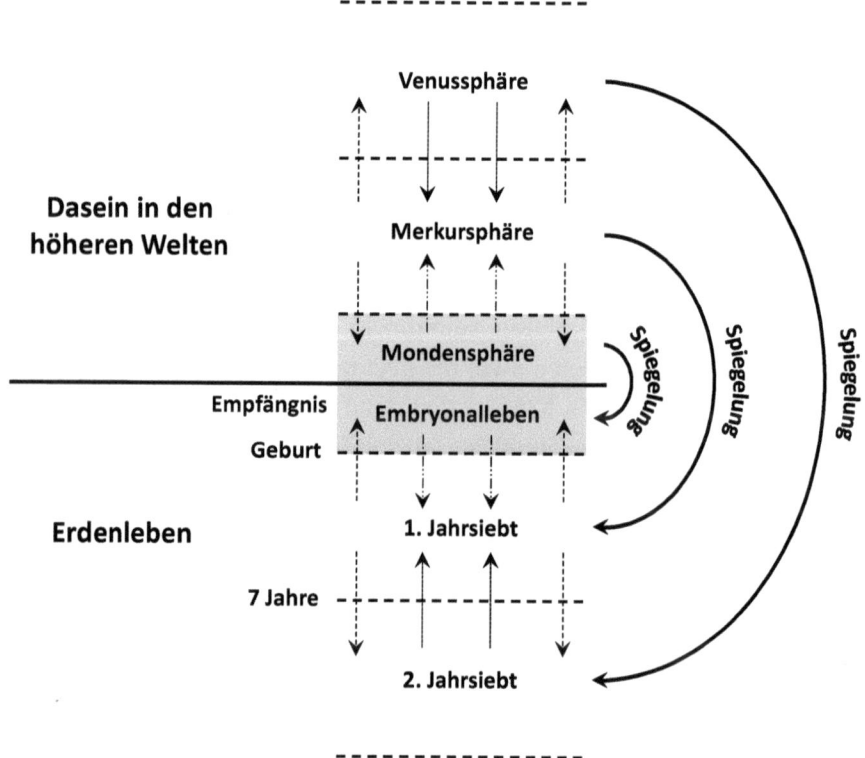

Abbildung 10: Gegenseitige Durchdringungen der
Mondensphäre, Merkursphäre und Venussphäre
sowie ihre Spiegelungen im irdischen Lebenslauf

Grundsätzlich muss berücksichtigt werden, dass sich der Mensch bei seinem nachtodlichen Aufstieg und vorgeburtlichen Abstieg durch die höheren Welten unterschiedlich lange in den einzelnen Sphären aufhält. Hat er sich in seinem Erdenleben eine besondere Affinität zu einer Sphäre erworben oder in der nächsten Inkarnation eine besondere Aufgabe zu erfüllen, die einen längeren Aufenthalt in derselben erfordert, so wird er dort wesentlich mehr Zeit verbringen. Ihr Einfluss strahlt dann über einen größeren Zeitraum des nachfolgenden Erdenlebens aus, gibt mitunter sogar dem gesamten Erdenleben eine besondere Prägung und verleiht ihm dadurch einen entsprechenden Grundcharakter. In einem Vortrag in Breslau gab Rudolf Steiner einige Beispiele für solche längere nachtodliche Aufenthalte bestimmter Menschen in der Mars-, Jupiter- und Saturnsphäre sowie den daraus resultierenden Folgen für ihr nächstes Erdenleben. Der interessierte Leser sei auf den entsprechenden Vortrag verwiesen.[35]

Das 2. Jahrsiebt und die Venussphäre (Alter: 7 – 14 Jahre)

Mit Abschluss des 1. Jahrsiebtes hat sich der neue Erdenbürger schon bis zu einem gewissen Grad in die physische Welt eingelebt. Um aber alle Aufgaben bewältigen zu können, die im weiteren Verlauf seines Lebens auf ihn warten, wird er sich noch viel intensiver mit ihr verbinden müssen. Damit das nicht ungebremst geschieht und er dabei seine Herkunft aus höheren Welten nicht ganz und gar vergisst, ist es wichtig, dass er nach sieben Jahren des Einlebens in die physische Welt aufmerksam gemacht wird auf die Existenz höherer Welten, aus denen er nur für eine Reihe von Jahrzehnten herabgestiegen ist, um neue Erfah-

---

[35] GA 239 „Esoterische Betrachtungen karmischer Zusammenhänge", Breslau, Vortrag vom 9. Juni 1924.

rungen zu sammeln, die er dann mit in die himmlische Heimat nehmen kann, um sie auszuwerten und in neue Fähigkeiten umzuwandeln. Daher sollte schon gleich mit Beginn des Schulunterrichts im Übergang vom 1. zum 2. Jahrsiebt ein Religionsunterricht erfolgen. Das ist in diesem Alter besonders gut möglich, weil die Kinder noch dazu veranlagt sind, alles auf Autorität hin aufzunehmen und zu verinnerlichen, ohne kritische Bewertung durch den Verstand. Darüber hinaus besteht in diesen Jahren bei vielen noch eine gewisse gefühlsmäßige Erinnerung an ihr Leben in den höheren Welten vor der Geburt.

Leider enthalten die heutigen großen Weltreligionen nur noch Bruchstücke der ursprünglich umfassenden Urweisheit der Menschheit. Wer als Hindu oder Buddhist aufwächst wird vieles, über die Existenz höherer Welten und der in ihnen lebenden Wesenheiten erfahren, nichts aber über die für die Menschheitsevolution auf der Erde zentrale Bedeutung des Mysteriums von Golgatha, durch das die Christus-Wesenheit sich mit der Menschheit verbunden hat. Wer im christlich geprägten Kulturkreis aufwächst, wird dagegen nichts über Wiedergeburt und Karma erfahren. Selbst die Präexistenz der Seele wird hier konsequent verneint und alles Augenmerk auf das Leben nach dem Tode gerichtet, wobei diesbezüglich innerhalb mancher Konfessionen großer Zweifel besteht, ob von einem solchen überhaupt die Rede sein kann. An die Stelle des ursprünglichen Wissens von der nachtodlichen Weiterentwicklung des Menschen ist inzwischen weithin ein bloßes „Ruhe in Frieden" getreten, das man sich als einen langen, tiefen Schlaf bis zu irgendeinem „jüngsten Tag" vorstellt.

Wer in der islamisch geprägten Welt aufwächst, wird zwar neben der Anregung eines religiösen Empfindens eindringlich auf das Weiterleben nach dem Tode hingewiesen, jedoch verbunden mit Vorstellungen eines Paradieses ganz nach dem Vorbild der irdischen Sinneswelt. Auf diese Weise lassen sich kaum „übersinnliche" Vorstellungen entwickeln. Von der Illusion eines solchen Paradieses wird der Mensch denn auch schon gleich in der Merkursphäre geheilt, da es dort seine Aufgabe ist, sich von

allem Irdisch-Sinnlichen zu entwöhnen und sich in die völlig andersartigen Bedingungen der höheren Seelenwelt einzuleben.

Für die nächste Etappe des Nachtodlebens ist es jedoch von großer
Bedeutung, ob ein Mensch in seinem Erdenleben eine religiöse Stimmung und Hinwendung zum Göttlichen in seiner Seele entwickelt hat.
Für den nachtodlichen Aufenthalt in der Venussphäre ist das von ähnlich zentraler Bedeutung wie das Sozialverhalten und moralische Niveau
eines Menschen für die Merkursphäre. Es ist daher äußerst bedauerlich,
wenn jemand, wie es heute leider weit verbreitet ist, infolge der Hinwendung zu einer rein materialistisch geprägten Weltanschauung im
Verlaufe seines Erdenlebens dazu übergeht, schon allein die Möglichkeit
der Existenz höherer Welten und Wesenheiten abzulehnen. Rudolf Steiner hat sich zu den Folgen einer solchen inneren Einstellung für die
Erlebnismöglichkeiten in der Venussphäre recht deutlich geäußert:

*„Wir durchleben in einer weiteren Zeit, nachdem wir durch die Merkur-
sphäre gegangen sind im Sinne des Okkultismus, die sogenannte V e n u s -
s p h ä r e , fühlen uns als Venusbewohner. Da ist es, zwischen Merkur und
Venus, [...] wo herankommen können an den Menschen die Wesenheiten
der höheren Hierarchien. Aber jetzt hängt es wieder davon ab, ob wir uns
in der richtigen Weise bereit gemacht haben, als gesellige Geister in die
Reihen der Hierarchien aufgenommen zu werden, mit ihnen etwas zu tun
haben zu können, oder ob wir zwar wissen, dass sie da sind, aber wie Einsiedler gleichsam an jedem vorbeigehen müssen, wie Einsiedler uns da
bewegen in der geistigen Welt. Und in dieser Venussphäre ist es wiederum
von etwas anderem abhängig, ob wir gesellige Geister sind oder einsam
hinwandelnde Geister. Während es in der vorigen Sphäre nur möglich ist,
ein geselliger Geist zu sein, wenn wir uns durch Moralität dazu vorbereitet
haben auf der Erde, ist im wesentlichen die Kraft, die uns zur Geselligkeit,
das heißt zu einem gewissen sozialen Leben in der Venussphäre führt, das
religiöse Leben, die religiöse Stimmung der Seele. Und wir können uns am
ehesten zu Einsiedlern in dieser Venussphäre verurteilen, wenn wir während des Erdenlebens keine religiöse Stimmung, kein Gefühl unserer*

Zusammengehörigkeit mit dem Unendlichen, mit dem Göttlichen, ent-
wickelt haben. Ja, es ist das eben so, dass es sich tatsächlich für die okkulte
Beobachtung so darstellt, dass der Mensch zum Beispiel durch einen blo-
ßen atheistischen Hang, durch ein Ablehnen jeder Beziehung seiner End-
lichkeit zur Unendlichkeit sich in das Gefängnis seiner eigenen Sphäre
einsperrt.“ [36]

Hat jemand ein religiöse Stimmung im vorangegangenen Erdenleben
entwickelt, wird er nicht nur ein „geselliges Leben" in der Venussphäre
führen dürfen, sondern sich damit auch Bedingungen geschaffen haben,
die dazu führen, dass er als Kind im nächsten Leben während seines
zweiten Jahrsiebtes, in welchem sich die Erlebnisse der Venussphäre
spiegeln, an einem Religionsunterricht wird teilnehmen dürfen. Ja es
kann sogar sein, dass er als Folge seiner religiösen Seelenstimmung im
Vorleben bereits in den drei Jahren vor Beginn des 2. Jahrsiebts, im Kin-
dergartenalter, eine religiös ausgerichtete Erziehung erhält, mitunter
sogar in einen kirchlich geprägten Kindergarten aufgenommen wird, wo
man ihm in bildhafter und erzählender Weise übersinnliche Vorstellungen nahebringt.

Mit Beginn des Schulunterrichtes im Übergang zum 2. Jahrsiebt nehmen Kinder des christlichen Kulturkreises in der Regel an einem kon-
fessionell geprägten Religionsunterricht teil. Sofern sie katholisch sind,
werden sie mit dem kirchlichen Kultus vertraut gemacht und auf ihre
erste Heilige Kommunion vorbereitet. Einen gewissen Abschluss der
religiösen Unterweisungen bildet gegen Ende desselben Jahrsiebts bei
den Katholiken die Firmung und bei den Protestanten die Konfirmation.
Oft strahlt die religiöse Stimmung weit in das nachfolgende dritte Jahrsiebt hinüber. Manche katholisch erzogene Kinder fühlen sich angeregt,
als Ministrant oder Ministrantin beim Gottesdienst zu assistieren. Möglicherweise beruht das auf einer engeren Verbindung mit dem kirchli-

---

[36] GA 141 „Okkulte Untersuchungen über das Leben zwischen Tod und neuer
Geburt", Berlin, Vortrag vom 26. November 1912.

chen Kultus schon im früheren Erdenleben. Bei manchen regt sich gar schon in Jugendjahren der Wunsch, Theologie zu studieren. Das bewirkt dann natürlich im Leben nach dem Tode eine engere Verbindung mit der Venussphäre und einen längeren Aufenthalt in derselben.

An dieser Stelle möchte der Autor zur Veranschaulichung einen kleinen Einblick in seinen eigenen Lebenslauf geben. Bei ihm ergab es sich, dass er in einem katholischen Elternhaus aufwuchs und als kleines Kind in einen von Nonnen geleiteten Kindergarten kam. Es waren „Franziskanerinnen vom Göttlichen Herzen Jesu"[37]. Sie sind auch als „Gengenbacher Schwestern" bekannt, da sich ihr Mutterhaus in der baden-württembergischen Stadt Gengenbach befindet. Eine der Schwestern versammelte die Kinder von Zeit zu Zeit um sich und zeigte ihnen große Bildtafeln mit Szenen aus dem alten und neuen Testament. Sie erzählte dann sehr lebendig die dazugehörigen Geschichten. Das war für uns Kinder immer sehr beeindruckend und ergreifend.

Im Falle des Autors wurde die religiöse Stimmung zusätzlich durch den Umstand verstärkt, dass er im Alter von 7 – 14 Jahren hauptsächlich von seiner katholischen Großmutter betreut wurde, mit der abends oft Geschichten in der Bibel las. Als eines Tages ein Freund der Großeltern zu Besuch kam und ihm die Frage stellte „Was willst du denn mal werden, wenn du groß bist?", schoss es zum Schrecken seines atheistisch geprägten Großvaters aus dem Kindermund heraus: „Pfarrer". Dieser Wunsch löste sich jedoch noch im selben Jahrsiebt wieder in Luft auf, da der amtierende Pfarrer ein recht grober Mensch war. Viele Kinder hatten regelrecht Angst vor ihm. Beim Autor mündeten die damit verbundenen Erlebnisse im Verlaufe des 2. Jahrsiebts in die wichtige Erkenntnis, dass Christentum und Kirchentum doch zwei sehr verschiedene Dinge sind. So eröffnete sich ihm der Weg zu einem religiösen Empfinden über die engen Grenzen seiner kirchlichen Konfession hinaus.

---

37 Eine römisch-katholische Ordensgemeinschaft des „Regulierten Dritten Ordens des heiligen Franziskus von Assisi".

Unter dem Einfluss der Venussphäre und ihrer Wesenheiten findet im 2. Jahrsiebt noch eine ganz andere Entwicklung statt. Die Lebensprozesse im menschlichen Organismus sind Ausdruck der Tätigkeit des Ätherleibes. Durch ihn wird vor allem die Drüsentätigkeit vollzogen. Diese gelangt nun zur Reife und damit nehmen auch die Geschlechtsdrüsen ihre Tätigkeit auf. Sie dienen der „siebenten Lebenstätigkeit", dem Reproduktionsleben. Die jungen Erdenmenschen erlangen dadurch im Alter von 14 ± 3 Jahren die Geschlechtsreife, wobei es selbstverständlich karmisch bedingte Fälle gibt, in denen diese verfrüht oder verspätet einsetzt.

Das 3. Jahrsiebt und die Sonnensphäre (Alter: 14 – 21 Jahre)

Um das 14. Lebensjahr herum vereinigt sich der unsterbliche, aus höheren Regionen herabsteigende seelisch-geistige Mensch inniger mit seinem irdischen Leib als es in den Kindheitsjahren zuvor möglich war. Der Astralleib kann nun freier seine Wirkung entfalten und die Individualität macht sich von innen heraus schon deutlicher bemerkbar. Ihre Entwicklung geht mit einer Tendenz zur Emanzipation von der Familie und so mancher dort vorherrschenden Meinung einher. Dieser seelische Prozess ist von großer Bedeutung. Der jugendliche Mensch reift dadurch zu eigener Urteilsbildung und Eigenständigkeit heran. Er ist nun auf dem Weg zum Erwachsenwerden.

Neue Interessen treten in den Mittelpunkt des Bewusstseins und der Blick auf die Welt weitet sich. Der Schulunterricht trägt hierzu bei, indem der Lehrstoff immer vielfältiger und umfangreicher wird. Viele religiös gestimmte Menschen fühlen sich ab dem Alter von 14 ± 3 Jahren angeregt, über den „Tellerrand" ihrer eigenen Konfession hinaus zu blicken. Die Tatsache, dass es offenbar auch andere Sichtweisen des Göttlichen gibt, erregen die Aufmerksamkeit, seien es Götterlehren der Vergangenheit wie etwa jene der alten Griechen, Römer, Ägypter und Germanen, oder seien es die großen Weltreligionen der Gegenwart außerhalb des Christentums. Diese besondere Art von Seelenentwicklung im 3. Jahrsiebt beruht auf einem nun wirksam werdenden Einfluss aus der Sonnensphäre. Menschen, die nach ihrem letzten Tode und vor ihrer neuen Geburt dort weitreichende und eindrucksvolle Erlebnisse hatten, empfinden deutlich den neuen völker- und religionsübergreifenden, ja die gesamte Menschheit umfassenden Impuls.

„Das nächste, was der Mensch nach der Venussphäre erlebt, ist die S o n n e n s p h ä r e. Wir werden als Seelen tatsächlich zwischen dem Tode und der neuen Geburt Sonnenbewohner. Für die Sonnensphäre ist noch etwas anderes notwendig als für die Venussphäre. Für die Sonnensphäre liegt die deutliche, die eminente Notwendigkeit vor, wenn wir in ihr zwischen dem Tode und der neuen Geburt gedeihen wollen, nicht bloß eine gewisse Gruppe von Menschen zu verstehen, sondern alle menschlichen Seelen zu verstehen, zu allen Seelen gewissermaßen Anknüpfungspunkte gewinnen zu können. Und in der Sonnensphäre fühlen wir uns schon als Einsiedler, als Vereinsamte, wenn wir durch die Vorurteile irgendeines Religionsbekenntnisses eingeschnürt sind und nicht in der Lage sind, denjenigen zu verstehen, der von einem andern Bekenntnisse seine Seele durchdrungen hat. Wer auf der Erde zum Beispiel nur die Möglichkeit gewonnen hat, alles Vortreffliche zu empfinden bei irgendeinem religiösen Bekenntnis, der versteht – können wir jetzt sagen – alle Bekenner anderer Religionsbekenntnisse während der Sonnensphäre nicht. Aber dieses Nichtverstehen ist nicht so wie auf der Erde. Hier können die Menschen nebeneinander gehen, ohne sich bis in die Seele hinein zu verstehen, können sich spalten in verschiedene Religionsbekenntnisse und Weltanschauungen. In der Sonnensphäre – da wir uns alle bis dahin ausdehnen und durchdringen, sind wir zugleich zusammen u n d durch unser Inneres getrennt –, da ist jede Trennung und jedes Nichtverstehen zugleich ein Quell furchtbaren Leidens. Ein Vorwurf, den wir nicht überbrücken kön-

nen, weil wir uns auf der Erde nicht dazu erzogen haben, und der immerdar auf uns lastet, ist die Begegnung mit einem jeden Angehörigen eines anderen Bekenntnisses. [...]

Indem Paulus das christliche Bekenntnis zu dem Christus Jesus dem bloßen Judentume entrissen hat und das Wort geprägt hat: «Christus ist gestorben nicht bloß für die Juden, sondern auch für die Heiden», hat er etwas Ungeheures getan für die richtige Auffassung des Christentums. Denn es wäre durchaus falsch, wenn jemand behaupten wollte, das Mysterium von Golgatha hätte sich nur vollzogen für die, welche sich Christen nennen. Es hat sich vollzogen für alle Menschen! Das meint auch Paulus, wenn er sagt, es sei Christus auch gestorben für die Heiden, nicht bloß für die Juden. Denn was durch das Mysterium von Golgatha in alles Erdenleben übergegangen ist, das hat auch Bedeutung für alles Erdenleben. Und so grotesk es heute noch für die klingen mag, welche die gleich anzuführende Unterscheidung nicht machen, so muss man doch sagen: Derjenige versteht erst die Wurzel des Christentums, der zum Beispiel einen Bekenner eines anderen Religionssystems – gleichgültig, ob er sich Inder oder Chinese oder sonst wie nennt – so anzusehen vermag, dass er sich fragt: Wie viel ist in ihm denn Christliches?" [38]

In einem anderen Vortrag schilderte Rudolf Steiner das tiefgreifende Wissen der Ärzte in den antiken Mysterienschulen. Hierbei wies er auf einen Zusammenhang hin zwischen dem vorgeburtlichen Aufenthalt in der Sonnensphäre und dem 3. Jahrsiebt des nachfolgenden Erdenlebens, das heißt dem Alter von 14 bis 21 Jahren:

„Und so muss auch das menschliche Leben betrachtet werden. Kam also ein hilfesuchender Kranker im Alter von v i e r z e h n b i s e i n u n d z w a n z i g J a h r e n – die Dinge sind approximativ – zu einem Mysterienarzt, so wusste dieser: es gibt eine Anzahl von Erkrankungen, die einfach etwas zu tun haben mit dem Durchgange des Menschen durch die S o n -

---

[38] GA 141 „Das Leben zwischen dem Tode und der neuen Geburt im Verhältnis zu den kosmischen Tatsachen", Berlin, Vortrag vom 20. November 1912.

nensphäre bei seinem Heruntersteigen aus der Planetenwelt in die
physische Welt. [...] Also er fragte sich vor allem nach dem Zusammenhang
des Erdenlebens mit den Erfahrungen und Erlebnissen des Menschen im
Dasein zwischen Tod und neuer Geburt."[39]

Diese Aussage Rudolf Steiners aus dem Jahre 1922 beweist, dass er
schon zwei Jahre bevor er im Alter von 63 Jahren in einem Vortrag die
Jahrsiebte aus planetarischer Sicht beschrieb und dazu eine siebenglied-
rige Skizze an die Tafel schrieb (Abbildung 6, Seite 26), durchaus schon
Kenntnis darüber hatte, dass es noch eine andersartige Zuordnung der
Jahrsiebte zu den Sphären gibt, die auf stellarer Sicht beruht und dem-
zufolge auch Sphären berücksichtigt, die dem Fixsternhimmel zugehörig
sind.

Auf welche Weise machte sich nun der Einfluss der Sonnensphäre im
3. Jahrsiebt beim Autor des vorliegenden Buches bemerkbar? Wie viele
seiner Zeitgenossen erwachte in ihm ein intensives Interesse für die
Mythologie und Sagenwelt der alten Griechen, Römer, Ägypter und
Germanen. Er fertigte sogar Zeichnungen der wichtigsten griechisch-
römischen Götter an, um sie ebenso lebendig vor sich auf das Papier zu
bringen wie er sie sich vor seinem inneren Auge in der Phantasie aus-
malte.

Bald darauf wandte er sich den heutigen Weltreligionen zu, dem Hinduismus, Buddhismus, Judentum und Islam, wobei ihn die ersten beiden
am meisten interessierten. Die östliche Lehre von Wiedergeburt und
Karma leuchtete ihm zutiefst ein und war ihm zugleich die einzig ver-
nünftige Erklärung für das im Erdenleben beobachtbare Geschehen. Nur
so ließen sich die unterschiedlichen Lebensbedingungen der Menschen
und ihre Schicksalsschläge mit der Existenz eines liebenden höchsten
Gottes in Einklang bringen. Hierbei empfand er es als eine günstige
Wendung, dass der Religionsunterricht ab der gymnasialen Oberstufe

---

[39] GA 218 „Geistige Zusammenhänge in der Gestaltung des menschlichen
Organismus", Berlin, Vortrag vom 7. Dezember 1922.

konfessionsübergreifend stattfand. Durch die neue protestantische Religionslehrerin erfuhr er zwar einerseits von Auffassungen, wonach es fraglich sei, ob Jesus Christus überhaupt göttlicher Natur sei, ob er nicht einfach nur ein ethisch hochstehender, wohl auch revolutionärer Mensch, letztlich aber jener „schlichte Mann aus Nazareth" war, auf den ihn schon die protestantische Leben-Jesu-Forschung des 19. Jahrhunderts reduziert hatte. Andererseits war die Religionslehrerin durchaus offen für des Autors Wunsch, doch auch die anderen Weltreligionen im Unterricht zu behandeln. Die überwiegende Mehrheit der Klasse schloss sich diesem Wunsch sogleich an. Hieran sieht man, wie sehr ein ähnliches Empfinden auch in den Mitschülerinnen und Mitschülern lebte, und dass auch sie den Einfluss ihres vorgeburtlichen Aufenthaltes in der Sonnensphäre verspürten, wenngleich sich das alles mehr im Unterbewusstsein abspielte. Niemand von uns kannte damals die obigen Aussagen Rudolf Steiners.

Rückblickend auf die ersten vier Abschnitte des Erdenlebens fällt auf, dass sich in ihnen die Nachwirkungen aus den Sphären der Seelenwelt in der genau umgekehrten Reihenfolge des vorgeburtlichen Abstieges zeigen, wie es eben für Spiegelungen typisch ist. Dabei besteht für die Mondensphäre die Besonderheit, dass sie die drei Regionen der n i e d e r e n Seelenwelt sowie eine Übergangsregion umfasst, sodass der Durchgang durch dieselben zeitlich verdichtet ist im Vergleich zur Aufenthaltsdauer in den nachfolgenden Sphären, die immer einer einzigen Region entsprechen. Möglicherweise darf das als Analogie zum Embryonalleben angesehen werden, in welchem die gesamte biologische Evolution des Menschen innerhalb von einigen Monaten, also ebenfalls zeitlich verdichtet, noch einmal nachvollzogen wird. Auf diesen Bezug zur Mondensphäre weist auch hin, dass selbst unsere modernen Ärzte die Dauer der Schwangerschaft, nach Mondmonaten berechnen, basierend auf dem Mondzyklus.

Ab der Geburt spiegeln sich dann in den ersten drei Jahrsiebten des Erdenlebens die vorgeburtlichen Erlebnisse aus den Sphären der höheren Seelenwelt wider. Dadurch macht sich bereits ein geistiger Einfluss bemerkbar, wenn auch zunächst noch auf dem Umweg über die Seelenwelt. Rudolf Steiner nennt die höhere Seelenwelt, wie schon erwähnt, *„eine Art geistiger Region des Seelengebietes, der Seelenwelt.“*[40] Der Mensch ist eben ein Geist-Wesen, das sich im Verlaufe von Kindheit und Jugend in seinen neuen irdischen Leib einlebt, an ihm arbeitet und ihn auf die Aufgabe vorbereitet, ihm als leiblicher Träger zu dienen. Abbildung 11 bietet einen Überblick hierzu.

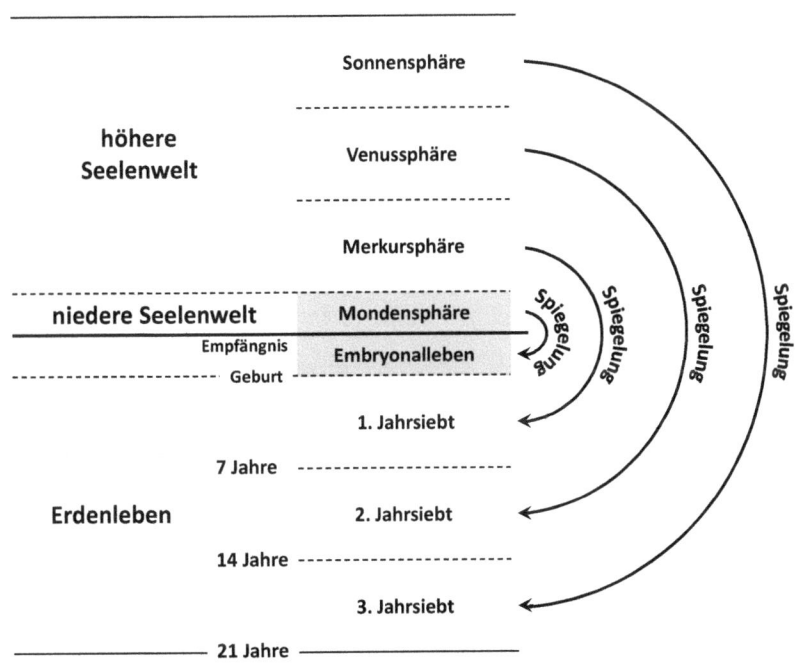

Abbildung 11:
Spiegelungen der Sphären der niederen und höheren
Seelenwelt im irdischen Lebenslauf

---

40 GA 141 „Das Leben zwischen Tod und neuer Geburt im Verhältnis zu den kosmischen Tatsachen“, Berlin, Vortrag vom 1. April 1913.

Das 4. Jahrsiebt und die Marssphäre (Alter: 21 – 28 Jahre)

Die Aufgaben der ersten drei Jahrsiebte des Erdenlebens bestehen darin, die leibliche Organisation des Menschen soweit zu entwickeln, dass sie Träger eines Ichs werden kann. Das erfordert eine entsprechende Vorbereitung jener Wesensglieder, die der Mensch mit den anderen Naturreichen auf der Erde gemeinsam hat: der physische Leib, der Lebens- oder Ätherleib und der Seelen- oder Astralleib. Rudolf Steiner hat diese notwendige Entwicklungsreihe folgendermaßen zusammengefasst:

„Der physische Menschenleib hat seine besondere Entwickelung in den ersten sieben Lebensjahren. Wir merken ferner, dass in den zweiten sieben Lebensjahren, vom Zahnwechsel bis zur Geschlechtsreife, im Menschenwesen die Kräfte des ätherischen Leibes spielen. Dann beginnen im Menschen die Kräfte des astralischen Leibes zu spielen, und dann erst, um das zwanzigste oder einundzwanzigste Jahr herum, beginnt – je nachdem, wie seine ganze Organisation ist und je nachdem, wie die Kräfte in ihm sind – dasjenige im Menschen, was auftritt als Ich, als Träger des Ich, mit der Kraft, die es eigentlich hat durch seine Organisation für das gesamte Leben des Menschen als Träger des Ich. Es wird eigentlich in unserer heutigen Zeit noch nicht viel bemerkt, dass der Träger des Ich erst recht lebensfähig wird im zwanzigsten und einundzwanzigsten Jahre, weil die Gegenwart noch nicht geneigt ist, auf diese Dinge zu achten. [...] Erst um das zwanzigste Jahr herum entwickelt der Mensch die Kräfte so, dass ein vollständig sich selber angemessener Ich-Träger da ist. Vorher ist dieser Ich-Träger noch nicht ausgebildet. Vorher ist die menschliche Leiblichkeit, auch die übersinnliche, noch kein richtiger Ich-Träger. Wenn wir also die Glieder des Menschen betrachten aus dem großen Weltenprinzipe heraus, so müssen wir sagen: So richtig reif, ein Ich zu entwickeln aus sich

selber heraus, wird der Mensch durch die Eigentümlichkeit seiner Organisation erst im zwanzigsten und einundzwanzigsten Jahre, nicht früher."[41]

Das Ich des Menschen ist ein geistiges Wesensglied. Daher bedarf es zu seiner Entwicklung Kräften aus den Sphären der geistigen Welt. Ein besonderer Zustrom solcher Kräfte in den irdischen Lebenslauf hinein beginnt ungefähr ab dem 21. Lebensjahr. Es kennzeichnet den Zeitpunkt, ab dem zusätzlich zu den Einflüssen aus der Seelenwelt nun jene aus der geistigen Welt unmittelbar zur Geltung kommen. Der Mensch wird dadurch zu einem nicht nur seiner selbst voll bewussten, sondern auch für seine Taten voll verantwortlichen Geistwesen auf der Erde.[42]

Seine Entwicklung in den nächsten drei Jahrsiebten verläuft analog derjenigen in den ersten drei Jahrsiebten. Wie im 1. Jahrsiebt liegt auch im 4. Jahrsiebt, im Alter von 21 bis 28 Jahren, der Schwerpunkt zunächst wieder auf dem Physisch-Sinnlichen. In diesem Zeitraum sind wir sehr empfänglich für alle Arten von Empfindungen, welche die Sinnesreize in unserer Seele auslösen. Daher spricht Rudolf Steiner davon, dass wir in diesen Jahren des Erdenlebens vor allem die E m p f i n d u n g s s e e l e entwickeln

Bei der Geburt werden wir zu einem eigenständigen leiblichen Dasein von unserer Mutter abgenabelt. In ähnlicher Weise lösen wir uns mit Erreichen des Erwachsenenalters als eigenständige Individualität aus der Familie heraus. Es findet eine zweite, nunmehr seelisch-geistige „Abnabelung" statt. Mit diesem Prozess geht einher, dass die meisten

---

41 GA 143 „Erfahrungen des Übersinnlichen – Die drei Wege der Seele zu Christus", Stockholm, Vortrag vom 16. April 1912.

42 Mit Vollendung des 18. Lebensjahres erlangt man in Deutschland zwar die volle Geschäftsfähigkeit und gilt als Erwachsener. Aus Sicht des Strafrechts wird jedoch bis zur Vollendung des 21. Lebensjahres geprüft, ob noch das Jugendstrafrecht zur Anwendung kommen muss, oder ob bereits die Reife eines Erwachsenen gegeben ist, woraufhin nach Erwachsenenstrafrecht geurteilt werden muss.

jungen Erwachsenen im Laufe des 4. Jahrsiebtes das Elternhaus verlassen und in ein eigenes physisches Heim ziehen. Das mag zunächst vielleicht nur ein Zimmer in einer Studenten-WG oder einem Studentenwohnheim sein. Andere mieten stattdessen gleich eine eigene Wohnung an oder ziehen mit ihrem Lebenspartner zusammen. Manche gründen sogar bereits ihre eigene Familie, wodurch ebenfalls das „Leibliche" als Thema wieder in den Vordergrund rückt. Selbst Menschen, die noch im Elternhaus wohnen bleiben, verspüren in diesem Jahrsiebt das Bedürfnis, sich ihr Zimmer mehr ihrer Individualität gemäß zu gestalten, vielleicht das Zimmer eines schon ausgezogenen Geschwisters in ihr kleines „Reich" mit einzubeziehen. Gleichgültig auf welche Weise sich die Emanzipation von den Eltern gestalten mag, sie ist eine Analogie zur Geburt und physischen Abnabelung des Neugeborenen vom Mutterleib.

Der tiefere Grund für diese auffällige innere Gemeinsamkeit des 1. Jahrsiebts mit dem 4. Jahrsiebt liegt in der gegenseitigen Durchdringung derjenigen Sphären, die sich in diesen beiden Jahrsiebten spiegeln. In Abbildung 10 (Seite 52) wurde bereits dargestellt, dass jede Sphäre bis zur Hälfte in ihre b e n a c h b a r t e n Sphären hineinragt beziehungsweise hinüberwirkt. Zusätzlich zu dieser Art der gegenseitigen Durchdringung gibt es eine weitere. So wird zum Beispiel jede Sphäre der „höheren Seelenwelt" auch noch von einer bestimmten Sphäre der „niederen geistigen Welt" durchdrungen. In Abbildung 12 sind diese Sphären zur besseren Übersicht jeweils nebeneinander abgebildet. Die Merkursphäre, die niederste Sphäre der „höheren Seelenwelt", ist durchdrungen von der Marssphäre, der niedersten Sphäre der „niederen geistigen Welt". Daher äußerte sich Rudolf Steiner zur Merkursphäre mit den Worten: *„Wenn es aber gegen diese Merkursphäre zugeht, dann tritt an die Seele das heran, was in meiner «Theosophie» geschildert ist als eine Art geistiger Region des Seelengebietes, der Seelenwelt."*[43] Hier ragt eben schon der Einfluss der geistigen Welt in die See-

---

[43] GA 141 „Das Leben zwischen Tod und neuer Geburt im Verhältnis zu den kosmischen Tatsachen", Berlin, Vortrag vom 1. April 1913.

lenwelt hinein. In ebensolcher Weise wird die Venussphäre von der Jupitersphäre durchdrungen sowie die Sonnensphäre von der Saturnsphäre.

	Tierkreissphäre		
niedere geistige Welt	Saturnsphäre	Sonnensphäre	höhere Seelenwelt
	Jupitersphäre	Venussphäre	
	Marssphäre	Merkursphäre	
		Mondensphäre	niedere Seelenwelt

**Abbildung 12: Gegenseitige Durchdringung
der Planetensphären der höheren Seelenwelt
mit denen der niederen geistigen Welt**

Wenn sich der Mensch nach dem Tode in die Mondensphäre hinaus weitet und sich in sie einlebt, besteht seine erste Aufgabe darin, sich seines nun nicht mehr vorhandenen physischen Leibes und all der Begehrlichkeiten zu entwöhnen, die durch ihn in seinem Astralleib erregt und auf physische Weise befriedigt werden können.

Mit dem Übergang in die M e r k u r s p h ä r e dehnt sich diese Aufgabe der Entwöhnung auf alle Vorstellungen und Wünsche aus, die noch irgendwie Bezug zu einer physischen Außenwelt haben. Unsere neue Außenwelt ist dann die Seelenwelt, welche astraler Natur ist. In ihr arbeiten wir alle Erlebnisse auf, die wir während des Erdenlebens im nächtlichen Tiefschlaf unbewusst machen durften, und zwar in rückwärtiger Reihenfolge. Wenn wir am Anfang unseres irdischen Lebens, in unserer frühesten Kindheit angekommen sind, dürfen wir aus den zeitlichen Regionen der Seelenwelt in die zeitlosen Regionen der geistigen Welt einziehen, ganz im Sinne der Aussage Christi: *„Wahrlich ich sage*

*euch: So ihr nicht umkehret und werdet wie die Kindlein, werdet ihr nicht
ins Himmelreich kommen."* (Matthäus 18:3 / Markus 10:15).

Der Einzug in die M a r s s p h ä r e der geistigen Welt erfolgt in der
Weise, dass sich unser Wahrnehmungsvermögen für die dortigen
Wesenheiten und Kräfte öffnet. Wir sehen uns dann den geistigen Urbildern all dessen gegenüber, was wir auf der Erde als unsere physische
Außenwelt erlebt haben, soweit diese unbelebt war. Die Merkursphäre
der Seelenwelt und die Marssphäre der geistigen Welt eröffnen uns
somit beide jeweils eine neue Außenwelt.

Auch im Erdenleben lebt sich das Kind im 1. Jahrsiebt unter dem Einfluss von Kräften aus der Merkursphäre in die irdische Außenwelt ein,
zunächst natürlich im wesentlichen in die familiäre Umgebung. Im
4. Jahrsiebt folgt dann unter dem Einfluss von Kräften aus der Marssphäre das Einleben als Erwachsener in die größere menschliche
Gemeinschaft, die Öffentlichkeit und die Weite der physischen Welt.
Dem Erwachsenen ist dann die Aufgabe gestellt, durch berufliche Tätigkeit selbst für seine materielle Grundlage zu sorgen oder zumindest auf
dieses Ziel hinzuarbeiten durch eine entsprechende Berufsausbildung
oder ein Studium.

Auch wenn wir uns im Erdenleben meist nicht bewusst sind, dass
Kräfte aus den Planetensphären einen maßgeblichen Einfluss auf unsere
seelisch-geistige Entwicklung haben, so besteht dieser dennoch. In
Wirklichkeit sind wir eben kosmische Wesen, die nicht nur in ihrer
Gestalt und ihren Lebensfunktionen von den Kräften der Planeten- und
Sternenwelt geprägt sind, sondern ebenfalls in den aufeinander-
folgenden seelisch-geistigen Entwicklungsstufen des irdischen Lebens-
laufes.

*„Auf der Erde leben wir zwischen Geburt und Tod. Zwischen Tod und
neuer Geburt steht der Mensch in einer gewissen Verbindung mit den
anderen Planeten. Sie finden in meiner «Theosophie» beschrieben das
Kamaloka. Dieser Aufenthalt des Menschen in der [niederen] Seelenwelt ist*

eine Zeit, während welcher der Mensch ein Mondbewohner wird. Dann wird er ein Merkurbewohner, dann ein Venusbewohner, dann ein Sonnen-, Mars-, Jupiter-, Saturnbewohner und dann ein Bewohner des weiteren Himmels- oder Weltenraumes. Man redet nicht unrichtig, wenn man sagt, dass zwischen zwei Inkarnationen auf der Erde Verkörperungen auf anderen Planeten liegen, geistige Verleiblichungen. Der Mensch ist heute noch nicht so weit in seiner Entwickelung, dass er sich in seiner Inkarnation erinnern kann an das, was er erlebt hat zwischen Tod und neuer Geburt, aber in der Zukunft wird das möglich sein. Wenn er auch jetzt sich nicht erinnern kann an das, was er zum Beispiel auf dem Mars erlebt hat, so hat er aber doch die Kräfte des Mars in sich, wenn er auch nichts davon weiß. Man kann durchaus sagen: Jetzt bin ich ein Erdenbewohner, aber die Kräfte in mir schließen in sich etwas, was ich mir auf dem Mars angeeignet habe.[44]

Nachdem Rudolf Steiner in seinem Vortrag diese Worte gesprochen hatte, verwies er auf Kopernikus, Galilei und Giordano Bruno als Beispiele für Menschen, die ihre Fähigkeiten zu ihren Erdentaten, mit denen sie das heutige naturwissenschaftlich-materialistische Weltbild wesentlich prägten, aus der Marssphäre mitgebracht haben. Aber nicht nur sie, sondern wir alle, die wir heute von diesem Weltbild geprägt sind, in seinem Sinne denken und den Blick vornehmlich auf das Physische richten, haben uns diese Neigung und Fähigkeit während unseres nachtodlichen und vorgeburtlichen Aufenthaltes in der Marssphäre angeeignet.

„Und so ist es mit der ganzen Menschheit. Dass die Menschen denken wie Kopernikus oder Giordano Bruno, bekommen sie aus den Kräften des Mars, die sie sich zwischen Tod und neuer Geburt angeeignet haben."

Eine unterbewusste Erinnerung an das vorgeburtliche seelisch-geistige Dasein im die Erde umgebenden Weltall zwischen zwei Inkarna-

---

[44] GA 130 „Das esoterische Christentum und die geistige Führung der Menschheit", Neuchâtel, Vortrag vom 18. Dezember 1912.

tionen ist der tiefere Grund, weshalb wissenschaftlich orientierte Menschen heute eine regelrechte Sehnsucht verspüren, Raumsonden zu anderen Planeten zu schicken, mit Teleskopen in die Tiefen des Alls zu blicken, ja sogar andere Planeten zu besiedeln. Im letzten Jahrzehnt ist bei vielen Astronomen und astronomisch interessierten Laien nicht zufällig der Wunsch in den Vordergrund getreten, bald Menschen speziell zum Mars zu schicken und ihn für eine Besiedelung durch einen Teil der Menschheit vorzubereiten. Die materialistische Begründung hierfür ist ganz gewiss die Tatsache, dass der Mars der Erde alle zwei Jahre sehr nahe kommt und ihr am ähnlichsten ist. Aus okkulter Sicht liegt dem jedoch eine im Unterbewussten wirkende Gefühlserinnerung an den gerade für unsere Zeiten so maßgeblichen nachtodlichen und vorgeburtlichen Aufenthalt als leibfreie Wesen in der geistigen Marssphäre zugrunde. Hier spiegelt sich wiederum Geistiges im Physischen.

Es lebt eben doch in vielen von uns eine deutliche Ahnung, dass die eigentliche Heimat des Menschen der Kosmos ist. Allerdings neigen wir dazu, unsere unterbewussten Erinnerungen an unser Dasein im Kosmos zwischen zwei Inkarnationen auf den materiellen Kosmos zu projizieren, statt sie auf den übersinnlichen seelisch-geistigen Kosmos zu beziehen, welcher dem äußeren, materiellen Erscheinungsbild der Planeten- und Sternenwelt zugrunde liegt.

In früheren Zeitaltern gelangten die Menschen im Erdenleben nach Aussagen Rudolf Steiners schon allein durch das Älterwerden auf ganz natürliche Weise unter den anregenden Einfluss nicht nur der Marssphäre, sondern noch höherer Sphären der geistigen Welt.

„Es hat sich mir herausgestellt, dass die Menschheit in der ersten nachatlantischen Kulturperiode, der urindischen, in einem gewissen Lebensalter allerdings war, aber in einem Lebensalter, das sich nicht mit der Jugend vergleichen lässt, sondern das sich vergleichen lässt mit dem individuellen menschlichen Lebensalter vom sechsundfünfzigsten bis zurück zum neunundvierzigsten Lebensjahr. [...] Dann kommt die urpersische

Kulturperiode. Da macht die Menschheit, indem sie sich weiter entwickelt, ein Lebensalter durch, das nun, wenn man es vergleichen will mit einem Lebensalter des einzelnen, dem vom neunundvierzigsten bis zum zweiundvierzigsten Lebensjahre entspricht. Der Mensch wird älter, die Menschheit wird jünger. Der ägyptische Zeitraum muss verglichen werden beim Einzelmenschen mit dem Lebensalter zwischen dem zweiundvierzigsten und fünfunddreißigsten Lebensjahr. Der griechisch-römische Zeitraum muss verglichen werden mit dem Lebensalter des einzelnen zwischen dem fünfunddreißigsten und achtundzwanzigsten Lebensjahre, und die jetzige fünfte nachatlantische Kulturperiode ist vergleichbar mit dem Lebensalter des Menschen vom achtundzwanzigsten bis einundzwanzigsten Jahre. Und wenn wir fragen: Wie alt ist die jetzige Menschheit? – so müssen wir antworten: Sie hat ein Alter von ungefähr siebenundzwanzig Jahren. Und nur dann versteht man alles das, was sich innerhalb der Menschheit zugetragen hat, wenn man dieses merkwürdige Geheimnis der Entwickelung vor seine Seele hintreten läßt. Denn so verhält sich die Sache wirklich." [45]

Das 28. und 27. Lebensjahr sind Jahre, die dem 4. Jahrsiebt angehören, welches mit der Marssphäre in Zusammenhang steht. Und weil diese Sphäre die geistigen Urbilder nur von allem unbelebten Physischen, rein Stofflichen enthält, zeigt die heutige Menschheit eine so starke Neigung zum Materialismus und einen so auffälligen Mangel an Verständnis für alles Lebendige, Seelische oder gar Geistige. Eine rein physikalisch orientierte Naturwissenschaft ist unter dem Einfluss des Mars vorherrschend geworden, die dem Leben ein vom Leibe unabhängiges Eigendasein ebenso abspricht wie der Seele und dem Geist.

Mars wirkte nicht immer so. Aber die Entwicklung in der Marssphäre erreichte im 15. Jahrhundert, zu Beginn unserer fünften Kulturepoche, einen Tiefpunkt. Seither bringen die meisten von uns noch immer vom Mars eben die Neigung zu einer rein physikalischen, naturwissenschaft-

---

[45] GA 174a „Mitteleuropa zwischen Ost und West", München, Vortrag vom 19. Mai 1917.

lichen Weltanschauung ins Erdenleben mit. Es gibt jedoch auch Menschen, die sich von dieser Entwicklung abwenden, mitunter sogar eine starke Abneigung nicht nur gegen den Materialismus, sondern überhaupt gegen alles Materielle entwickeln. Sie streben ein asketisches Leben in strenger Weltabgewandtheit an. In diese zwei Arten von Menschen droht die Menschheit sich zu spalten. Das machte ein Eingreifen der geistigen Führung der Menschheitsevolution notwendig. Christian Rosenkreutz, der in unseren Zeiten führende christliche Meister, rief deshalb schon gegen Ende des 16. Jahrhunderts einen größeren Kreis von an der Menschheitsevolution mitwirkenden Menschenseelen zu einer Konferenz zusammen, sowohl inkarnierte wie nicht inkarnierte, in der er auf diese drohende Zukunftsperspektive hinwies. Nach Rudolf Steiner lauteten seine Worte etwa:

„Man sehe hin auf die Zukunft der Welt. Die Welt drängt nach Praxis, nach Industrie, nach Eisenbahnen und so weiter. Die Menschen werden sein wie Lasttiere. Und diejenigen, die das nicht wollen, werden sein wie Franz von Assisi, unpraktisch für das Leben, sie werden nur der inneren Entwickelung leben. – Christian Rosenkreutz machte damals seinen Zuhörern klar, dass es auf Erden kein Mittel gebe, um die Bildung dieser zwei Menschenklassen zu verhindern. Alles was man für die Menschen tun könne zwischen Geburt und Tod, könne nicht verhindern, dass die Menschen in diese zwei Klassen geteilt würden. Soweit die Verhältnisse auf der Erde in Betracht kommen, ist es unmöglich, Abhilfe zu schaffen für die zwei Klassen von Menschen. Hilfe könne nur kommen, wenn eine Art von Erziehung geschaffen würde, die sich nicht abspiele zwischen Geburt und Tod, sondern zwischen dem Tode und einer neuen Geburt.“[46]

Der Mensch braucht zu seiner Entwicklung beide Tendenzen, die Erdzugewandtheit wie auch die Erdabgewandtheit. Im Leben nach dem Tode ist die Erdabgewandtheit von der Marssphäre an, der niedrigsten

---

[46] GA 130 „Das esoterische Christentum und die geistige Führung der Menschheit“, Neuchâtel, Vortrag vom 18. Dezember 1912.

Sphäre der geistigen Welt, dem Menschen zuträglich. Dort soll er sie sogar recht intensiv entwickeln. Zu diesem Zweck sollte Buddha der an ihrem Tiefpunkt angelangten Marskultur einen neuen Impuls zum Aufstieg geben, durch seine Lehre von Liebe und Mitleid, und damit gleichzeitig die Voraussetzung schaffen, dass die Menschen dort in der richtigen Weise erdabgewandt und geistzugewandt sein können, um anschließend ausreichend geisterfüllt ihre Aufgaben auf der Erde wieder erdzugewandt vollbringen zu können, ohne im Materialismus zu versinken. Das wurde im Einvernehmen mit Buddha in einer zweiten Konferenz des Christian Rosenkreutz mit den geistigen Führern der Menschheit beschlossen. Im selben Vortrag hören wir hierüber von Rudolf Steiner:

„Und bei dieser [zweiten] Konferenz ist verkündet worden, dass die Wesenheit, die einst auf Erden inkarniert war als Gautama Buddha, jetzt, als geistige Wesenheit, wie er war, seitdem er «Buddha» geworden, den Schauplatz seiner Tätigkeit auf den Mars verlegen werde. Gleichsam abgeschickt wurde von der Erde auf den Mars die Individualität des Gautama Buddha durch Christian Rosenkreutz. Gautama Buddha verlässt den Schauplatz seiner Tätigkeit und geht nach dem Mars. Und im Jahre 1604 vollbrachte die Individualität des Gautama Buddha eine ähnliche Tat für den Mars, wie es das Mysterium von Golgatha für die Erde war. [...]

Nichts Geringeres ist geschehen, als dass die Möglichkeit gegeben wurde, dem drohenden Auseinanderfallen der Menschheit in zwei Klassen vorzubeugen, so dass die Menschheit vereinigt bleiben konnte. Und j e n e M e n s c h e n , d i e e i n e e s o t e r i s c h e E n t w i c k e l u n g d u r c h m a c h e n w o l l e n trotz ihres Aufgehens im praktischen Leben, können ihr Ziel dadurch erreichen, dass der Buddha von dem Mars aus wirkt und nicht von der Erde aus, sodass auch die Kräfte zu einem g e s u n d e n e s o t e r i s c h e n L e b e n von der Wirksamkeit des Buddha herrühren. Wenn der Mensch heute M e d i t a n t wird – was das heißt, habe ich schon behandelt in meinem Buche «Wie erlangt man Erkenntnisse der höheren Welten?» –, so ist es gerade das Wesentliche, dass bei der Rosenkreuzer-

schulung die Entwickelung so ist, dass der Mensch nicht herausgerissen wird aus der Tätigkeit, die sein Karma auf Erden von ihm verlangt. Rosenkreuzerische esoterische Entwickelung ist vereinbar mit jeder Art von Lebenslage und Beschäftigung. [...]

Durch die Erlösertat des Gautama Buddha auf dem Mars ist es möglich geworden, wenn wir einmal in der Zeit zwischen Tod und neuer Geburt durchmachen unsere Entwickelung auf dem Mars, Anhänger des Franz von Assisi zu sein, ohne dass wir der Erde dadurch etwas zu entziehen brauchen. Grotesk klingt es vielleicht, aber richtig ist es, dass jeder Mensch seit dem siebzehnten Jahrhundert innerhalb des Marszustandes Buddhist, Franziskaner, unmittelbarer Folger des Franz von Assisi ist für eine Zeitlang. Franz von Assisi ist seitdem nur einmal als Kind kurz auf der Erde erschienen und in der Kindheit gestorben und war seither nicht mehr verkörpert. Er ist seitdem verbunden mit der Tätigkeit des Buddha und einer der hervorragendsten Folger des Buddha auf dem Mars."

In einem Vortrag in Stuttgart führte Rudolf Steiner zum selben Thema weiter aus:

„Wenn wir in ältere Jahrhunderte zurückgehen, finden wir, dass vom Mars ausgestrahlt sind diejenigen Kräfte, welche die Menschen enthusiasmiert haben zu dem, was die Menschen in älteren Zeiten brauchten: physische Kräfte, um die Menschheitsevolution zu fördern. Es ist nicht bloß ein Mythus, sondern eine okkulte Wahrheit, dass dasjenige, was als kriegerische Kraft und kriegerische Verwicklung sich in der Welt entwickelt hat, was die Menschen tatkräftig, mutig gemacht hat durch Jahrhunderte und Jahrtausende, von der Einströmung der Marskräfte herrührt. Aber es ist im Leben eines Planeten so, dass seine Kräfte eine aufsteigende und eine absteigende Entwickelung durchmachen. Und der Mars hat in den letzten Jahrhunderten seine Aufgabe in gewisser Weise geändert. Was jetzt noch an kriegerischen Kräften entwickelt wird, das ist abflutendes kriegerisches Leben der früheren Jahrhunderte. [...]

Dasjenige, was vom Mars immer ausgegangen ist und was in seiner
Wesenheit lag, hat dazumal der Buddha durch sein Opfer umgewandelt.
Er hat die ganze Natur und Wesenheit des Mars umgewandelt. Für den
Mars ist der Buddha der große Erlöser geworden. Es war ein Opfer für ihn.
Sie brauchen sich nur zu erinnern, wie der Buddha aufgestiegen ist zu der
Lehre, der Botschaft vom großen Frieden, vom harmonischen Dasein.
Er wurde jetzt hinausversetzt in die planetarische Sphäre, aus der die
Kraft des Aggressiven hervorgegangen ist. Er, der Friedensfürst, kreuzigte
sich gleichsam, wenn auch nicht durch das Mysterium von Golgatha. So
wird etwas anderes in die Mars-Sphäre gebracht: der Mars wird von der
Wesenheit des Buddha durchdrungen. Wie auf Erden die Substanz des
Christus ausgeflossen ist von dem Mysterium von Golgatha, so strömt aus
auf die Mars-Sphäre die Friedenssubstanz des Buddha und ist seitdem in
der Mars-Sphäre." [47]

Unser Aufenthalt in den Sphären der geistigen Welt erstreckt sich
über Jahrhunderte. Daher konnten die neuen, von Buddha umgewandel-
ten Marskräfte erst ab dem 19. Jahrhundert von sich wieder inkarnie-
renden Menschenseelen in das Erdenleben gebracht werden, wenn auch
zunächst noch recht spärlich. Künftig werden jedoch alle spirituell ori-
entierten Menschen bei ihrem Durchgang durch die Marssphäre diese
neuen Impulse des Buddha von Frieden, Mitgefühl und Toleranz in sich
aufnehmen können.

„Gering sind im Grunde genommen noch die Fähigkeiten, diese Kräfte
aufzunehmen für die Menschen, weil der Buddha eben noch nicht lange
auf dem Mars dieses Mysterium vollbracht hat. In der Zukunft werden die
Menschenseelen immer mehr und mehr in der Marssphäre Kräfte aufneh-
men von dem Buddha. Aber schon im neunzehnten Jahrhundert haben sich
für denjenigen, der so etwas sehen kann, Menschen gezeigt, die ihre Fähig-
keiten dadurch hier im Erdenleben entwickeln können, dass sie bei ihrem

---

[47] GA 140 „Okkulte Untersuchungen über das Leben zwischen Tod und neuer
Geburt", Stuttgart, Vortrag vom 17. Februar 1913.

Durchgang durch die Marssphäre vom Buddha Einflüsse erhalten haben. So kompliziert und so wunderbar verlaufen diese Leben zwischen dem Tod und der neuen Geburt." [48]

Höchstbedeutsame Erfahrungen haben wir, als spirituell orientierte Menschen, während unseres letzten Aufenthaltes in der Marssphäre gemacht. Sie spiegeln sich gerade im 4. Jahrsiebt unseres heutigen Erdenlebens wider. Dabei hängt die Intensität, mit der das geschieht, vor allem von zwei Bedingungen ab. Erstens, vom Bewusstseinsgrad, den wir selbst nach unserem letzten Tode bis hinauf in die Marssphäre aufrechterhalten konnten. Dieser war wiederum abhängig davon, ob wir im vorangegangenen Erdenleben schon eine Verwandtschaft mit der Marssphäre entwickelt hatten, indem wir uns für die geistigen Hintergründe der physischen Welt interessierten. Es gibt jedoch noch eine zweite Voraussetzung, die ebenfalls Bedingung ist für eine Begegnung mit dem erhabenen Buddha in der Marssphäre. Nach einem strikten kosmischen Gesetz können wir im Nachtodleben nur mit Menschen in Kontakt treten, denen wir schon in einem unserer Erdenleben begegnet sind.

„Würde das Band von Mensch zu Mensch nicht geknüpft werden können auf der Erde, so würde es auch nicht im Geistgebiet geknüpft werden können. Die Vereinigungen, die zwischen Mensch und Mensch bestehen, sind solche, dass sie sich hier bilden und sich dann in der geistigen Welt fortsetzen. Wir können sie aber nie bilden mit Menschenwesen, die irgendwie prädestiniert sind dazu, auf der Erde verkörpert zu sein, wenn wir auf der Erde die Gelegenheit haben sie kennenzulernen, sie aber nicht benützen; wir können nicht das hier Versäumte in der geistigen Welt ersetzen in der Zeit, die wir durchleben zwischen dem Tod und einer neuen Geburt." [49]

---

[48] Ibidem, Frankfurt, Vortrag vom 2. März 1913.
[49] Ibidem.

Alle diejenigen, die dem Buddha auf der Erde niemals in einer seiner vorherigen Inkarnationen als Bodhisattva begegnet sind oder in seiner letzten Inkarnation, in der er zur Würde der Buddhaschaft aufstieg, könnten ihm daher auch niemals in der geistigen Welt begegnen, es sei denn, sie könnten sich als hochentwickelte Geistesschüler von der Erde aus bewusstseinsmäßig in die geistige Welt erheben. Da die Begegnung mit Buddha in der Marssphäre aber von außerordentlicher Wichtigkeit für die Menschheit ist, weil dadurch Friedensliebe, Harmonie, Mitgefühl und Liebe in ihr verstärkt werden, also all das, was Buddha auf Erden initiierte, wurde eine Abhilfe geschaffen. Wer sich im Erdenleben innerlich mit Christus verbindet, der als Auferstandener mit uns verbunden bleibt bis zum Ende der Erdenzeiten, wer also auf der Erde den Christusimpuls in sich aufnimmt, dem wird die Möglichkeit eröffnet, dem Buddha in der Marssphäre begegnen zu können, auch wenn das für den betreffenden Menschen die erste Begegnung mit ihm sein wird.

„Und wenn es auch unmöglich ist, dass der gewöhnliche Mensch in den geistigen Regionen Menschen begegnet, mit denen er hier kein Verhältnis angeknüpft hat, so ist es doch möglich, dass der Erdenmensch, der hier den Christus-Impuls empfangen hat, sich damit durchdrungen hat, zwischen dem Tod und einer neuen Geburt, wenn auch nicht anderen Menschen, mit denen er hier keine Verbindung angeknüpft hat, so doch dem Buddha drüben begegnet. [..]

Der Mensch muss das Licht, das ihm die Erlebnisse zwischen dem Tod und einer neuen Geburt beleuchten kann, von hier mitnehmen, sonst tappt er im Finstern. Und so ist es auch in diesem besonderen Falle. Der Mensch, der hier von der Erde weggeht durch die Pforte des Todes und hier keinen Christus-Impuls aufgenommen hat, der davon nichts wissen wollte, der kann dann in dem darauffolgenden Leben in der geistigen Welt durch die Mars-Sphäre durchgehen, ohne etwas zu ahnen von den Einflüssen des Buddha. Der Buddha ist für ihn wie nicht da. Denn das müssen wir festhalten: Wir gehen zwar an den Wesenheiten der höheren Hierarchien vorbei; dass wir sie aber bemerken und dass wir das Notwendige mit ihnen zu tun bekommen können, das hängt davon ab, wie wir uns im letzten Erdenleben selbst das Licht angezündet haben, damit wir nicht an ihnen vorbeigehen, sondern von ihnen etwas empfangen können. – So hat der ganz unrecht, der da sagt: Es ist unnötig, sich im Erdenleben mit dem Jenseits zu befassen." [50]

Außer den Buddhisten können seit dem Jahre 1604 folglich auch all jene Christen dem Buddha in der Marssphäre begegnen, die spätestens in ihrer letzten Inkarnation im Mittelalter den Christus-Impuls aufgenommen haben, auch wenn sie vorher noch nie direkt dem Buddha in einem Erdenleben begegneten. Bei vielen von ihnen werden die Kräfte, die sie in der Marssphäre dadurch aufnehmen, zunächst noch im Unterbewusstsein bleiben und nur ihr Gefühlsleben durchdringen. Das kann sich in verschiedenster Weise äußern, zum Beispiel darin, dass sich jemand zum Buddhismus hingezogen fühlt. Vermutlich liegt hierin der Grund für die Tatsache, dass innerhalb des christlichen Abendlandes in den letzten Jahrzehnten sich so viele Menschen dem Buddhismus zugewandt haben. Andere Menschen bringen als Folge ihres Erlebens der Wirkung von Buddhas Erlösertat auf dem Mars ein Engagement für den Frieden auf der Erde mit. Dem Geist zugewandte Personen werden im 4. Jahrsiebt ein zunehmendes Interesse für Meditation, Christian Rosenkreutz oder das esoterische Christentum entwickeln, manche vielleicht sogar schon in den letzten drei Jahren des vorangehenden Jahrsiebts.

Wieder andere mögen sehr intensiv die Tierliebe des Franz von Assisi nachempfinden und deshalb ihre Ernährung auf vegetarische oder gar vegane Kost umstellen. Letztere, die vollständig auf Milchprodukte verzichtet, ist inzwischen zu einer regelrechten Mode geworden. Rudolf Steiner warnt allerdings ausdrücklich davor, wohingegen er eine vegetarische Ernährung, welche Milchprodukte mit einbezieht, für geistig strebende Menschen als förderlich empfiehlt.

---

[50] Ibidem.

„Eine wirkliche Erleichterung also der ganzen Entwicklung des Men-
schenlebens wird es bedeuten, wenn der Mensch sich von dem Fleisch-
genuss enthalten kann. Dagegen beginnen schon gewisse Bedenklich-
keiten, wenn der Mensch fanatischer Vegetarier in dem Sinn sein wollte,
dass er alle Milch und alle Milchprodukte meiden wollte. Gerade bei der
Entwicklung der Seele nach dem Geistigen hin kann das gewisse Gefahren
einschließen, und zwar aus dem Grunde, weil der Mensch sehr leicht
dadurch, dass er allen Milchgenuss und allen Genuss dessen, was damit
zusammenhängt, meidet, leicht zu einem gewissen bloßen Lieben des von
der Erde Wegstrebenden kommt und die Fäden leicht verliert, die ihn mit
dem verbinden, was auf der Erde an Menschlichem getrieben wird.

Es ist daher wohl zu beachten, dass es in einem gewissen Sinn gut ist,
wenn gerade der anthroposophisch Strebende sich nicht zum fanatischen
spirituellen Schwärmer dadurch macht, dass er sich die Schwierigkeit in
der physischen Hülle schafft, die schon diese physische Hülle wegbringen
will von aller Verwandtschaft mit dem Irdisch-Menschlichen. Damit wir
nicht gar zu sehr seelische Entwicklung anstrebende Sonderlinge werden,
damit wir nicht entfremdet werden menschlichem Fühlen, menschlichem
Treiben auf der Erde, ist es gut, wenn wir uns als Wanderer auf der Erde in
einer gewissen Weise beschweren lassen durch den Milchgenuss und durch
den Genuss von Milchprodukten. Und es kann sogar eine ganz systemati-
sche Trainierung sein für einen Menschen, nicht nur immer sozusagen in
den spirituellen Welten zu leben und dadurch erdenfremd zu werden, son-
dern daneben Aufgaben auf der Erde zu erfüllen. Es kann eine systemati-
sche Trainierung sein, nicht bloßer Vegetarier zu sein, sondern Milch und
Milchprodukte daneben zu genießen. Dadurch wird er seinen Organismus,
seine physische Hülle erdenverwandt, menschheitsverwandt machen, aber
nicht so an die Erde fesseln, mit Erdensein beschweren, wie das der Fall ist
durch den Fleischgenuss." [51]

---

[51] GA 145 „Welche Bedeutung hat die okkulte Entwicklung des Menschen für
      seine Hüllen", Den Haag, Vortrag vom 21. März 1913.

Allerdings empfiehlt Rudolf Steiner nicht jedem, sich vegetarisch zu ernähren, sondern nur geistig strebenden Menschen:

„Diese Lebensweise ist sehr bekömmlich, aber ob jeder das auf lange Zeit durchführen kann, das ist eine andere Frage. Denn vegetarisches Leben ohne geistiges Streben führt zur Krankheit. Man sagt, dass der Vegetarismus in Griechenland Jahrhunderte vor Christus bekannt gewesen sei und dass der große Weise des Altertums, Pythagoras, der Stifter des Vegetarismus sei. Da muss man sich doch fragen: Wer war denn Pythagoras, und warum lebte er denn vegetarisch?" [52]

In welcher Weise fand nun im Leben des Autors dieses Buches sein nachtodlicher und vorgeburtlicher Aufenthalt in der Marssphäre im Erdenleben seinen Ausdruck? Wie viele Anthroposophen, war er bereits in zwei vorangegangenen Inkarnationen mit dem Christentum verbunden gewesen und hatte dadurch die Möglichkeit gehabt, den Christus-Impuls innerlich aufzunehmen.[53] Am Ende seiner letzten Inkarnation

---

[52] GA 266a „Aus den Inhalten der esoterischen Stunden", Band I, Anhang, Interner Vortrag über Ernährung und innere Entwicklung. – In der esoterischen Stunde vom 13. August 1908 in Stuttgart ging Rudolf Steiner weiter ins Detail: *„Die vegetarische Ernährung ist ausgezeichnet für Ärzte und Juristen, die dadurch viel eher ihre Patienten beziehungsweise die Geschäfte ihrer Klienten durchschauen werden, aber sie ist nicht das Richtige für Bankiers, Industrielle, Techniker, Handelsleute, kurz für all dasjenige, was mit einer Arbeit des Berechnens im Zusammenhang steht. Man verliert dadurch nämlich die physische Kombinationsfähigkeit. Deshalb sollte der Vegetarismus niemals so allgemein angepriesen werden, wie das oft in der Welt geschieht. Auch ist es möglich, dass man einen solchen Körper durch Vererbung bekommen hat, der den Vegetarismus überhaupt nicht ertragen kann. Dann sollte man eben nicht nach den höheren Übungen streben wollen."*

[53] Innerhalb der anthroposophischen Gesellschaft finden sich laut Rudolf Steiner im wesentlichen zwei Gruppen von Menschen, die in ihren früheren Inkarnationen zu unterschiedlichen Zeiten und in verschiedener Weise zum Christentum fanden. Die einen fühlten sich vor allem vom „kosmischen Christentum" und der „anthroposophischen Kosmologie" angezogen, die anderen mehr vom „abstrakt Religiösen" des irdischen Christentums und dem „christlichen Charakter" der Anthroposophie. Siehe hierzu den Vortrag vom

verstarb der Autor im 16. Jahrhundert. [54] Nach dem Durchleben der Seelenwelt gelangte er gegen Ende des Jahrhunderts in die geistige Marssphäre. Es war jene Zeit, als dort die oben beschriebenen bedeutsamen
Ereignisse stattfanden. Auf alle verstorbenen Buddhisten sowie alle
Menschenseelen mit dem Christus-Impuls im Herzen, die zu dieser Zeit
mit wachem Bewusstsein ihre nachtodliche Entwicklung in der Marssphäre durchliefen, machte die Erlösertat des Buddha im Jahre 1604
und die damit einhergehende Wirkung auf die Marskultur einen außerordentlich tiefgehenden Eindruck. Daher entwickelten sie verständlicherweise eine große Verehrung für den Buddha.

Beim Autor äußerte sich das schon im 3. Jahrsiebts seines heutigen
Erdenlebens in einem zunehmenden Interesse für die Meditation. Gegen
Ende des Jahrsiebts stieß er eines Tages auf einem Büchertisch vor ei-
nem Buchladen, scheinbar zufällig, auf das Werk „Die Lehre des
Buddho[55] – Die Religion der Vernunft und der Meditation". Er vertiefte
sich mit größter Aufmerksamkeit in das Buch und wollte von da an
Buddhist werden. Ohne damals schon etwas von der Gliederung des
Erdenlebens in Jahrsiebte zu wissen, ergab es sich dennoch für ihn, dass
er wenige Tage vor seinem 21. Geburtstag, somit genau zum Beginn des
4. Jahrsiebts, in dem sich die vorgeburtlichen Erlebnisse der Marssphäre

---

8. Juli 1924 in Dornach (GA 237, Band III der „Esoterischen Betrachtungen
karmischer Zusammenhänge") sowie den Vortrag vom 18. Juli 1924 in Arnheim (GA 240, Band VI derselben Reihe). Zu welcher der beiden Gruppen
der Autor gehört, ergibt sich sowohl aus dem Thema des vorliegenden
Buches wie auch den Themen seiner vorher veröffentlichten Bücher.

54   Auf welche Weise der Autor Kenntnis von seiner vorherigen Inkarnation
erhielt, wird in einem späteren Kapitel geschildert.

55   Autor: Georg Grimm, Gründer der Altbuddhistischen Gemeinde in Utting am
Ammersee, die im Jahre 2002 aufgelöst wurde. Er verwendete in seinen
Büchern vornehmlich den Pali-Begriff „Buddho" anstelle des Sanskrit-
Begriffes „Buddha", da die Lehrreden Buddhas in der mittelindoarischen
Sprache Pali aufgeschrieben und im sogenannten Pali-Kanon gesammelt
wurden. Es sind die ältesten buddhistischen Schriften, die uns heute vor-
liegen.

widerspiegeln, der Altbuddhistischen Gemeinde in Utting am Ammersee beitrat und sogleich zu einem mehrtägigen Aufenthalt dorthin reiste. Die ersten drei Jahre des neuen Jahrsiebts war er nun Buddhist und studierte eifrig den Pali-Kanon mit seinen vielen historisch überlieferten Buddha-Reden. So nahm er das in sich auf, was man von Buddha heute noch auf der Erde lernen kann.

Gemeinsam mit vielen westlichen Buddhisten empfand er in dieser Zeit eine große Verehrung für Franz von Assisi. Er überlegte sogar eine Weile, ob er nicht doch eher Franziskaner werden solle. Dieser Weg stand ihm grundsätzlich offen, da die Mitgliedschaft in der Altbuddhistischen Gemeinde nicht zwingend den Austritt aus der christlichen Kirche verlangte. Jedoch stand seine kritische Einstellung zum Kirchentum, die sich schon früh in seiner Jugend aufgrund bereits erwähnter Erlebnisse entwickelt hatte, einer Hinwendung zu den Franziskanern im Wege. Vielleicht ist es aber kein Zufall gewesen, dass er als Kind täglich in einen Kindergarten ging, der von Nonnen des „Regulierten Dritten Ordens des heiligen Franziskus von Assisi" geleitet wurde.[56]

Nun ist es allerdings weder im Sinne Buddhas noch des Christian Rosenkreutz, wenn Menschen, die bereits durch christliche Inkarnationen gegangen sind, auf der Erde Buddhisten oder Franziskaner werden wollen. Das soll künftig nur noch während unseres Aufenthaltes in der Marssphäre geschehen. So fügte es das Schicksal, dass der Autor bei einem weiteren Besuch in Utting von einer Buddhistin auf Schriften Rudolf Steiners aufmerksam gemacht wurde. Schon gleich in den ersten Büchern, die er las, fand er Hinweise auf Christian Rosenkreutz und den rosenkreuzerischen Schulungsweg. Das berührte ihn ausgesprochen tief und innig. Von da an fühlte er sich von Tag zu Tag immer intensiver zum Rosenkreuzertum hingezogen.

---

[56] Vgl. Seite 57.

Diesen Weg schlug er nun ein und bald lebte in ihm das Gefühl auf, er sei von Buddha über Rudolf Steiner zu Christian Rosenkreutz geführt worden. Dieses Empfinden fand er zu seiner Überraschung bestätigt, als er in einem von Rudolf Steiners Vorträgen auf die oben schon zitierte Aussage stieß, wonach *„der intimste Schüler und Freund des Christian Rosenkreutz der im Geistleib lebende Gautama Buddha war"*, der von ihm auf den M a r s gesandt wurde, und dass *„jeder Mensch seit dem siebzehnten Jahrhundert innerhalb des Marszustandes Buddhist, Franziskaner, unmittelbarer Folger des Franz von Assisi ist für eine Zeitlang."* Es war ihm, als stünden seine Erlebnisse auf der Erde mit jenen Ereignissen in der Marssphäre in innigem Zusammenhang. Letztere erklärten ihm überhaupt erst seine wichtigsten Erlebnisse im 4. Jahrsiebt.

Der Autor hoffte daraufhin, Christian Rosenkreutz über die Anthroposophische Gesellschaft näher kommen zu können. Doch im damaligen Jahresprogramm des lokalen Zweiges fand er nichts über ihn, auch nicht zum esoterischen Christentum. So suchte er andernorts weiter und gelangte schließlich zur Deutschen Rosenkreuzer-Gemeinschaft[57]. Ihre Lehren wiesen eine auffällige Ähnlichkeit mit der Anthroposophie auf. Daher las er weiterhin mit größtem Interesse Vorträge Rudolf Steiners. Leider fand er darin keinerlei Hinweis auf den von ihm doch so deutlich empfundenen Zusammenhang zwischen dem 4. Jahrsiebt und der Marssphäre. Erst im Alter von über 50 Jahren gewährte ihm das Schicksal, im

---

[57] Die damalige deutsche Sektion der *Rosicrucian Fellowship*, gegründet in Kalifornien von dem gebürtigen Dänen Carl Louis Frederik Grasshoff unter dem Pseudonym Max Heindel. Wie sich später herausstellte, hatte Grasshoff Nachschriften von Vorträgen Rudolf Steiners gesammelt, ins Englische übersetzt und als angebliche Offenbarungen an ihn durch einen „Älteren Bruder" oder Meister der Rosenkreuzer unter dem Titel „The Rosicrucian Cosmo-Conception" (in deutscher Übersetzung „Die Weltanschauung der Rosenkreuzer") veröffentlicht. Siehe hierzu Rudolf Steiners Erwähnung dieser Begebenheit in GA 174b „Die geistigen Hintergründe des 1. Weltkrieges", Stuttgart, Vortrag vom 11. Mai 1917.

umfangreichen Vortragswerk Rudolf Steiners auf jene Aussage zu stoßen, in der dieser das 3. Jahrsiebt mit der Sonnensphäre in Verbindung bringt und das 6. Jahrsiebt mit der Saturnsphäre. Aufgrund der feststehenden Reihenfolge der Planeten, wonach auf die Sonnensphäre die Marssphäre folgt, legte das dann doch eine Verbindung derselben mit dem 4. Jahrsiebt nahe, wie auch der Jupitersphäre mit dem 5. Jahrsiebt.[58]

Zwischen dem letzten Tode des Autors im 16. Jahrhundert und seiner nächsten Geburt im 20. Jahrhundert liegen nur wenige Jahrhunderte. Das mag manchem Leser womöglich als eine unglaubwürdig kurze Zeitspanne für das Dasein in den höheren Welten zwischen zwei Inkarnationen erscheinen. Hierbei muss jedoch eine Besonderheit berücksichtigt werden, von der Rudolf Steiner in seinem Mysteriendrama „Die Prüfung der Seele", am Ende des 11. Bildes, Maria zu Ahriman sprechen lässt:

> *„Es gibt im Erdenwerden solche Zeiten,*
> *In welchen alte Kräfte langsam sterben*
> *Und sterbend schon die neuen wachsen sehn.*
> *[...]*
> *In solchen Erdentagen werden Keime*
> *In Menschenseelen sorgsam eingepflanzt,*
> *Die lange Zeit zur vollen Reife brauchen.*
> *Die Menschen müssen dann im nächsten Leben*
> *Noch Eigenschaften aus dem frühern zeigen.*
> *Es werden viele Männer solcher Zeiten*
> *In einem nächsten Leben wieder Männer;*
> *Und viele Frauen werden Frauen wieder.*
> *Es ist dann auch die Zeitenlänge kürzer*
> *Als jene, die sonst zwischen Leben liegt."*

---

58 Vgl. Zitat auf Seite 33.

Im selben Sinne äußerte sich Rudolf Steiner ein Jahrzehnt später in einem seiner Vorträge in Oslo (ehemals Kristiania):

„Sie kennen alle die Tatsache, dass in normaler Weise eine längere Zeit verfließt zwischen dem Tode und einer neuen Geburt. Allein gerade in der heutigen Erdenentwicklung sind viele Menschen, welche nur kurze Zeit gelebt haben zwischen ihrem letzten Tode und ihrer diesmaligen Geburt." [59]

Mit dem nachtodlichen Übergang von der Sonnensphäre in die Marssphäre eröffnet sich uns die geistige Welt. In ihr tritt zu den visionsartigen, bildhaften Wahrnehmungen der Seelenwelt eine ganz neue Welt des Tones hinzu. Mächtige Klänge tönen uns in der Marssphäre aus der geistigen Umgebung entgegen. Wie in einem Orchester ergänzen sie sich zu einer großen Klangharmonie, die sich immer mehr steigert. In den alten Mysterienschulen sprach man diesbezüglich von der „Sphärenharmonie". Dieses Erlebnis in der geistigen Welt kann sich im irdischen Lebenslauf des Menschen als eine Hinneigung zur Musik, insbesondere zur klassischen Musik äußern. Die großen Komponisten wie Händel, Bach, Beethoven, Wagner, usw. erhielten die Inspirationen zu ihren wunderbaren Orchesterwerken aus ihrem vorherigen Dasein in der geistigen Welt. Wenn der Aufenthalt in der Marssphäre einen besonderen Eindruck auf eine Person gemacht hat, erwacht ihre Liebe gerade zur klassischen Musik mitunter schon in der Jugend und kann dann über das gesamte Erdenleben ausstrahlen. Bei vielen zeigt sich jedoch erst mit dem Erwachsenwerden, wenn die geistige Individualität ihre Eigenständigkeit erlangt, eine Intensivierung in dieser Richtung, weil sich dann erst der Einfluss der Marssphäre als der ersten Region der tönenden geistigen Welt stärker geltend macht.

---

[59] GA 209 „Nordische und mitteleuropäische Geistimpulse", Kristiania (Oslo), Vortrag vom 27. November 1921.

Das 5. Jahrsiebt und die Jupitersphäre (Alter: 28 – 35 Jahre)

Die Marssphäre enthält, wie schon erwähnt, die geistigen Urbilder aller physischen, leblosen Dinge. Daher stehen die Verstorbenen dort noch mit der physischen Welt in Verbindung, wenn auch nur noch in schwacher Weise. Endgültig löst sich der Mensch von seinem letzten Leben auf der Erde erst mit dem Übergang von der Marssphäre in die Jupitersphäre los.

„In der Jupitersphäre wird sozusagen der Zusammenhang mit der Erde, der vorher noch ein bisschen bestanden hat, schon ganz bedeutungslos für den Menschen." [60]

Das ermöglicht uns im 5. Jahrsiebt des Erdenlebens, das seine Prägung von den vorgeburtlichen Erlebnissen in der Jupitersphäre erhält, nun schon mit etwas Abstand auf unsere von der Sinneswelt ausgelösten Empfindungen zu blicken und sie mehr verstandesmäßig zu betrachten. Es ist die Zeit, in der wir die V e r s t a n d e s - u n d G e - m ü t s s e e l e entwickeln. Wir werden nun schon etwas bedächtiger und tiefgründiger. Das ist gewissermaßen eine Nachwirkung des veränderten Klangerlebnisses in der geistigen Welt. Dieses ist in der Jupitersphäre inhalts- und bedeutungsvoller als in der Marssphäre.

„Es ist schwer zu charakterisieren dieses Leben, diese Veränderung der Sphärenharmonie; man könnte, weil man diese Dinge nicht mit irdischen Worten ausdrücken kann, vergleichsweise sagen: Die Sphärenmusik verändert sich beim Durchgang vom Mars zum Jupiter so, man kann nur sagen, wie das Orchestrale in die gesangliche Musik. Es wird immer mehr zum Tone, zu dem, was den Ton zugleich durchsetzt als das Bedeutungsvolle, als das Sein-Wesen-Ausdrückende. Inhalt bekommt die Sphären-

---

[60] GA 140 „Okkulte Untersuchungen über das Leben zwischen Tod und neuer Geburt", Wien, Vortrag vom 3. November 1912.

musik, wenn wir uns in die Sphäre des Jupiter hineinbegeben, und sie wird dann in der Sphäre des Saturn zum völligen Inhalt, zum Ausdruck des Weltenwortes, aus dem alle Dinge geschaffen sind, und das gemeint ist im Johannes-Evangelium: «Im Urbeginne war das Wort.» Dieses Wort ist das Hineintönen der kosmischen Gesetzmäßigkeit und Weisheit." [61]

Im irdischen Leben macht sich das in einer zeitweise stärker werdenden Empfänglichkeit für Kirchenmusik oder Kirchenlieder bemerkbar. Nicht nur die Inspirationen zu geistlichen Liedtexten stammen aus der Jupitersphäre, sondern ebenso religiöse Orchesterwerke wie z.B. Händels „Hallelujah" oder Wagners Ouvertüre zum „Lohengrin". Denn wie Abbildung 12 auf Seite 67 gezeigt hat, durchdringen sich Jupitersphäre und Venussphäre gegenseitig. In beiden spielt das religiöse Erleben eine große Rolle. Im Unterschied zur Marssphäre, in welcher die geistigen Urbilder aller unbelebten physischen Dinge anzutreffen sind, begegnen wir in der Jupitersphäre den geistigen Urbildern alles Lebendigen. Das Leben als universelle, eigenständige Kraft gehört bereits dem Reich des Übersinnlichen an, wie alles Göttliche und Ewige, von dem uns die Religionen künden.

„Die nächste Region [Jupitersphäre] ist diejenige, in welcher das gemeinsame Leben der irdischen Welt als Gedankenwesenheit, gleichsam als das flüssige Element des «Geisterlandes», strömt. Solange man in physischer Verkörperung die Welt beobachtet, erscheint das Leben an einzelne Lebewesen gebunden. Im «Geisterland» ist es davon losgelöst und durchfließt als Lebensblut gleichsam das ganze Land. Es ist da die lebendige Einheit, die in allem vorhanden ist. Während des irdischen Lebens erscheint dem Menschen auch davon nur ein Abglanz. Und dieser spricht sich in jeder Form von Verehrung aus, die der Mensch dem Ganzen, der Einheit und Harmonie der Welt, entgegenbringt. Das religiöse Leben der Menschen schreibt sich von diesem Abglanze her. Der Mensch wird gewahr, inwiefern nicht im Vergänglichen, im einzelnen, der umfassende

---

[61] Ibidem.

Sinn des Daseins liegt. Er betrachtet dieses Vergängliche als ein «Gleich-
nis» und Abbild eines Ewigen, einer harmonischen Einheit. Er blickt in
Verehrung und Anbetung zu dieser Einheit auf. Er bringt ihr religiöse Kul-
tushandlungen dar." [62]

Aufgrund des inneren Zusammenhangs des religiösen Empfindens
mit der Lebenskraft hat ersteres einen großen Einfluss auf die Entwicklung des menschlichen Ätherleibes, den übersinnlichen Träger der
Lebenskraft im menschlichen Organismus.

„Ein mächtiges Mittel zur Läuterung und Veredelung des Ätherleibes ist
die Religion. Die religiösen Impulse haben dadurch ihre großartige Mis-
sion in der Menschheitsentwickelung." [63]

Bei vielen Menschen, die der Religion nicht völlig ablehnend gegen-
überstehen, tritt diese im 5. Jahrsiebt ihres Erdenlebens wieder mehr
ins Bewusstsein. Der äußere Grund dafür ist oft ganz einfach der, dass
sie nun schon eigene Kinder haben, die gerade ihr 2. Jahrsiebt durchlaufen und in eine Religionsgemeinschaft aufgenommen werden. Es ist
meistens die der Eltern. Dadurch werden in ihnen viele Erinnerungen an
ihre eigenen Erlebnisse in der Kindheit wachgerufen. Bei vielen
bewirkt das tatsächlich eine Art Auffrischung oder Vertiefung ihres religiösen Empfindens. Manche Eltern nehmen dann wieder an den Gottes-
diensten teil. Andere stehen in diesem Alter jedoch schon so kritisch der
Kirche gegenüber, dass sie nur noch pro forma oder der Kinder wegen
Mitglied in ihrer kirchlichen Gemeinschaft bleiben.

So manchen Menschen beschäftigt daher in seinem 5. Jahrsiebt die
Frage, ob es nicht aufrichtiger sich selbst gegenüber wäre, wenn man
aus der Kirche austräte. Die meisten werden wohl der Kinder zu liebe
weiterhin Kirchenmitglied bleiben. Es gibt aber auch jene, welche dann

---

[62] GA 9 „Theosophie", Abschnitt IV „Der Geist im Geisterland nach dem Tode".
[63] GA 34 „Lucifer-Gnosis 1903 – 1908", Aufsatz „Die Erziehung des Kindes vom
Gesichtspunkte der Geisteswissenschaft".

tatsächlich den Kirchenaustritt vollziehen. Der tiefere Grund dafür liegt in vorgeburtlichen Erlebnissen in der Jupitersphäre, die sich gerade im 5. Jahrsiebt des Erdenlebens widerspiegeln. Während unsere nachtodlichen Erlebnisse in der Venusregion stark davon abhängig sind, ob und wie intensiv wir im vorangegangenen Leben in ein religiöses Bekenntnis hineingewachsen sind, wirken die Kräfte aus der Jupiterregion dahingehend, uns von demselben wieder vollständig zu befreien.

„In der J u p i t e r r e g i o n werden dann die Verhältnisse gelöst, welche die Seele hineinzwingen in ein bestimmtes engeres religiöses Bekenntnis. Wir wissen, dass die Seele durch die Venusregion nur dadurch gesellig gehen kann. Einsam würde sie da werden, wenn sie ein religiöses Bekenntnis überhaupt nicht hätte. Und wir haben gesagt, dass sie durch die Sonnenregion nur richtig gehen kann, wenn sie Verständnis hat für alle Bekenntnisse. In der Jupiterregion aber macht sich die Seele erst frei von dem Bekenntnis, dem sie während der letzten Inkarnation angehört hat. Das ist nicht etwas, dem sie persönlich angehört hat, sondern etwas, in das sie hineingeboren war, das sie mit anderen Seelen gemeinschaftlich hatte. Während sie also durch die Venus-Sphäre nur gehen kann, wenn sie überhaupt religiöse Vorstellungen sich im Erdenleben angeeignet hat, während sie durch die Sonnenregion nur gehen kann, wenn sie Verständnis hat für alle irdischen religiösen Bekenntnisse, kann sie durch die Jupiterregion nur gehen, wenn sie in der Lage ist, sich loszulösen von dem Bekenntnis, das sie während des Lebens gehabt hat; nicht genügt es, dass sie nur die anderen verstehen kann. Denn da wird es dann entschieden, wenn sie durch die Jupiterregion geht, ob sie das nächste Mal noch durch dasselbe Bekenntnis gehen muss, oder ob sie alles durcherlebt hat, was in einem bestimmten religiösen Bekenntnis erlebt werden kann." [64]

Um diese Kräfte in der Jupiterregion aufnehmen zu können, muss sich der Mensch in seinem Leben nach dem Tode bis dahin ein gewisses

---

[64] GA 141 „Das Leben zwischen dem Tode und der neuen Geburt im Verhältnis zu den kosmischen Tatsachen", Berlin, Vortrag vom 1. April 1913.

Maß an Bewusstsein aufrechterhalten können. In unserer Zeit ist das nur möglich, wenn wir uns im vorangegangenen Erdenleben ein geisteswissenschaftliches Verständnis für die spirituellen Grundlagen aller Religionen angeeignet haben.

„Damit sich sein Bewusstsein nicht verdämmert, damit es nach der Sonnensphäre nicht aufhört, sondern damit er es hineintragen kann in die Marssphäre, in die Jupitersphäre, die er dann zu durchleben hat, dafür ist für unseren Menschheitszyklus notwendig, dass in den Menschenseelen Platz greife das spirituelle Verständnis für das, was in unseren Religionen und Weltanschauungen lebt. Daher das Suchen des Verständnisses für das, was in Religionen und Weltanschauungen lebt. An die Stelle des geisteswissenschaftlichen Verständnisses wird noch ein ganz anderes Verständnis kommen, von dem sich heute der Mensch kaum einen Traum bilden kann. Denn so wahr eine Wahrheit richtig ist in einer Epoche, wenn sie von Wahrheitssinn durchdrungen ist, so wahr ist es auch, dass immer neue und neue Impulse in die Menschheitsentwickelung hineinkommen werden. Es ist durchaus wahr, dass das, was die Anthroposophie zu geben hat, nur für eine bestimmte Epoche gilt, damit die Menschheit, wenn sie die Anthroposophie aufnimmt, diese als verarbeitete Impulse in die weitere Zeit hineinträgt, um mit den verarbeiteten Kräften auch die späteren Kräfte aufzunehmen.“ [65]

Im Erdenleben des Autors äußerten sich diese Einflüsse aus der Jupitersphäre während seines 5. Jahrsiebtes in der Art, dass er als Mitglied der Deutschen Rosenkreuzer-Gemeinschaft regelmäßig im privaten Umfeld religiöse Andachten hielt, meist gemeinsam mit anderen Mitgliedern. Es gab eine ganze Reihe verschiedener sogenannter „Dienste“, sowohl für die Sonntage als auch für bestimmte Wochentage. Das erinnerte ihn alles sehr an die kirchlichen Sonntags- und Schülergottesdienste, an denen er von seinem 2. Jahrsiebt an regelmäßig teilnahm

---

[65] Ibidem, Berlin, Vortrag vom 20. November 1912.

und sich, wie alle seine Mitschüler, die Teilnahme sogar schriftlich bestätigen lassen musste.

Mittlerweile hatte sich aber seine kritische Distanz zur katholischen Kirche soweit verstärkt und sein Verständnis von Christus als kosmischem Sonnengeist sowie die Überzeugung von Reinkarnation und Karma so gefestigt, dass er durch seine Mitgliedschaft in der katholischen Kirche, die beides strikt ablehnt, in Gewissenskonflikt kam. Am liebsten wäre er deshalb gleich zu Beginn des 5. Jahrsiebts aus der Kirche ausgetreten. Jedoch war ihm bewusst, dass ein solcher Schritt seine Mutter und seine Großmutter, die beide gläubige Katholikinnen waren, tief verletzt hätte. Das konnte er ihnen nicht antun. So vollzog er den Kirchenaustritt zunächst nur innerlich und setzte ihn erst nach dem Ende des 5. Jahrsiebts im Alter von 35 Jahren auch äußerlich in die Tat um, nachdem sowohl seine Großmutter wie auch seine Mutter verstorben waren. Damit fand ein großes Thema, mit dem er das ganze Jahrsieht hindurch innerlich gerungen hatte, seinen Abschluss.

Dieser Bericht aus dem Leben des Autors soll keinesfalls als Empfehlung oder gar Aufforderung zum Kirchenaustritt verstanden werden. Rudolf Steiner, der sich recht heftigen Anfeindungen vonseiten der katholischen Kirche ausgesetzt sah, trat bekanntlich nicht aus ihr aus. Er hat auch nicht dazu geraten, mit der Begründung, dass ein Austritt nach damaligem Kirchenrecht unter Berufung auf das Dogma der Unfehlbarkeit des Papstes gar nicht möglich war.[66] Andererseits bezeichnete Rudolf Steiner speziell dieses Infallibilitäts-Dogma bei einem Vortrag

---

[66] *„Ich rate es den Katholiken deshalb nicht auszutreten, weil sie nach der jetzigen [damaligen] Kirchenverfassung kein Recht haben auszutreten. Ganz im Ernst genommen. Der Katholik hat kein Recht, aus der Kirche auszutreten, weil durch das Infallibilitätsdogma eine solche Entscheidung ex cathedra gefällt worden ist, dass der Katholik aus der Kirche nicht austreten kann; er ist einfach noch drin, wenn er auch selber erklärt, dass er austritt.“* (GA 342 „Vorträge und Kurse über christlich-religiöses Wirken – Teil I", Stuttgart, Besprechung vom 15. Juni 1912)

im Kreise der angehenden Priester der Christengemeinschaft als *„im eminentesten Sinne Widerchristliches".* [67]

In den letzten Jahren hat die Zahl der Kirchenaustritte aus den verschiedensten Gründen rapide zugenommen. Letztlich muss jeder einzelne nach gründlicher Gewissensprüfung selbst entscheiden, ob er Mitglied seiner Kirche bleibt oder nicht. Die endgültige Entscheidung hierüber wird erst bei unserem nächsten nachtodlichen Durchgang durch die Jupitersphäre von höheren Mächten getroffen werden.

Zur Zeit der griechisch-römischen Kulturepoche wirkte die Jupitersphäre noch kräftiger in das Erdenleben hinein, weil die Menschen jener Zeit noch auf ganz natürliche Weise bis zum Ende ihres 5. Jahrsiebtes, bis zum Alter von 35 Jahren, seelisch-geistig reiften. [68] Daher verehrten die Römer gerade den Jupiter als ihre Hauptgottheit. Die Griechen nannten ihn Zeus. Er galt ihnen als Herrscher über die Lufthülle der Erde und ihre Lichterscheinungen, welche die Schönheit der irdischen Natur enthüllen. An den jahreszeitlichen Veränderungen dieser Natur nahmen sie den Rhythmus allen Lebens war. Das war ihnen etwas ausgesprochen Heiliges, wohingegen sie den Tod fürchteten. Das alte instinktive Hell-

---

[67] *„Sie wissen [...], in einem bestimmten Zeitpunkt wurde fixiert das Dogma der sogenannten Infallibilität. Dieses Dogma der Infallibilität – das ist nun das Wichtige – wird von vielen Menschen akzeptiert, angenommen. Derjenige, der nun ein wirklicher Christ ist, kann sich überlegen: Wie ist es mit diesem Dogma der Infallibilität? – Er kann sich zum Beispiel die Frage vorlegen: Was würden die ersten Kirchenväter, die noch näher dem ursprünglichen Sinne des Christentums gestanden haben, zu dem Dogma der Infallibilität gesagt haben? – Sie würden es eine Gotteslästerung genannt haben! Und damit würde man im christlichen Sinne wohl auch die Sache treffen können. Damit würde man aber hingedeutet haben auf ein außerordentlich wirksames okkultes Mittel, nämlich durch etwas im eminentesten Sinne Widerchristliches Glauben zu erwecken. Aber dieser Glaube ist ein wichtiger okkulter Impuls nach einer bestimmten Seite hin, um loszukommen von der normalen christlichen Entwickelung."* (GA 174 „Zeitgeschichtliche Betrachtungen – Das Karma der Unwahrhaftigkeit – Teil 2", Dornach, Vortrag vom 22. Januar 1917)

[68] Vgl. Seite 71

sehen war verklungen und sie gelangten allenfalls noch zu düsteren, beängstigenden, schattenhaften Wahrnehmungen.

In ihrem religiösen Empfinden wandten sich die Griechen und Römer daher neben Zeus oder Jupiter vor allem der Göttin Demeter (römisch: Ceres) zu, der Herrin über die irdischen Lebensprozesse. Im Herbst und Winter war ihnen das Welken und der Stillstand in der Natur Ausdruck ihrer Trauer über den Verlust ihrer Tochter Persephone (römisch: Proserpina). Im Frühling und Sommer erlebten sie an dem wieder aufblühenden und später Früchte hervorbringenden Leben die Freude der Göttin mit, dass sie wieder mit ihrer Tochter zusammen sein durfte, nach deren Rückkehr aus dem finsteren Totenreich. In Eleusis und anderen Kultstätten fanden Mysterienspiele statt, die den Teilnehmern diesen Zusammenhang anschaulich zu Bewusstsein brachten. Der Artemis-Kult zu Ephesus war ebenfalls der Verehrung der göttlichen Lebenskraft gewidmet, wie die Symbole der Fruchtbarkeit an der bis heute erhalten gebliebenen steinernen Statue der Göttin zeigen.

Das 6. Jahrsiebt und die Saturnsphäre (Alter: 35 – 42 Jahre)

Wie bereits ausgeführt, erlebt der Mensch, wenn er sich in seinem Leben nach dem Tode bis zur Marssphäre geweitet und ein ausreichendes Maß an Bewusstheit bewahrt hat, die geistigen Urbilder aller unbelebten, rein stofflichen Dinge der physischen Welt. Hierzu zählt auch sein eigener ehemaliger physischer Leib. In der nächsthöheren Jupitersphäre wird für ihn zusätzlich das geistige Urbild allen Lebens wahrnehmbar, das seinem Äther- oder Lebensleib als Träger der Lebenskraft zugrunde liegt. Steigt der Verstorbene in einer weiteren Entwicklungsphase bis zur Saturnsphäre auf, so begegnet er den geistigen Urbildern alles Seelischen.

„Die dritte Region des «Geisterlandes» enthält die Urbilder der seeli-
schen Welt. Alles, was in dieser Welt lebt, ist hier als lebendige Gedanken-
wesenheit vorhanden. Man findet da die Urbilder der Begierden, der Wün-
sche, der Gefühle und so weiter. Aber hier in der Geisterwelt haftet dem
Seelischen nichts von Eigensucht an. Ebenso wie alles Leben in der zweiten
Region, bildet in dieser dritten alles Begehren, Wünschen, alle Lust und
Unlust eine Einheit. Das Begehren, der Wunsch des andern unterscheiden
sich nicht von meinem Begehren und Wünschen. Die Empfindungen und
Gefühle aller Wesen sind eine gemeinsame Welt, die alles übrige ein-
schließt und umgibt, wie der physische Luftkreis die Erde umgibt. Diese
Region ist gleichsam die Atmosphäre des «Geisterlandes»." [69]

Hierin zeigt sich die innere Verwandtschaft der Saturnsphäre mit der
Sonnensphäre, der höchsten Region der Seelenwelt. Beide durchdringen
sich gegenseitig, wie in Abbildung 12 (Seite 67) dargestellt, und haben
speziell mit dem „Seelenleben" der Menschen zu tun. Rudolf Steiner
selbst hat auf den Zusammenhang der Sonnensphäre mit dem 3. Jahrsiebt (Alter 14 – 21 Jahre) und der Saturnsphäre mit dem 6. Jahrsiebt
(Alter 35 – 42 Jahre) hingewiesen:

„Und so muss auch das menschliche Leben betrachtet werden. Kam also
ein hilfesuchender Kranker im Alter von v i e r z e h n   b i s   e i n u n d z w a n -
z i g   J a h r e n – die Dinge sind approximativ – zu einem Mysterienarzt, so
wusste dieser: es gibt eine Anzahl von Erkrankungen, die einfach etwas zu
tun haben mit der S o n n e n s p h ä r e bei seinem Heruntersteigen aus der
Planetenwelt in die physische Welt. War der Kranke im Alter von f ü n f -
u n d d r e i ß i g   b i s   z w e i u n d v i e r z i g   J a h r e n, so wusste der Myste-
rienpriester, welche Krankheiten etwas zu tun haben mit dem Durchgange
des Menschen durch die S a t u r n s p h ä r e bei seinem Herabsteigen. Also
er fragte sich vor allem nach dem Zusammenhang des Erdenlebens mit

---

[69]   GA 9 „Theosophie", Kapitel „Der Geist im Geisterland nach dem Tode".

den Erfahrungen und Erlebnissen des Menschen im Dasein zwischen Tod und neuer Geburt.“ [70]

Im 3. Jahrsiebt, wenn sich die Kräfte der Sonnensphäre im Erdenleben widerspiegeln, ringen wir darum, die mit der Pubertät einhergehenden seelischen Wallungen in unserem Astralleib in den Griff zu bekommen. Drei Jahrsiebte später, wenn wir mit dem 35. Lebensjahr unser 6. Jahrsiebt beginnen, durchlaufen wir die nächsthöhere, analoge Stufe. Unser Seelenleben hält dann eine neue Aufgabe für uns bereit. Und in ähnlicher Weise wie die Pubertät oft schon drei Jahre vor dem 14. Lebensjahr einsetzt, macht sich auch die emotionale Labilität der Lebensmitte bei vielen Menschen schon drei Jahre vor dem 35. Lebensjahr bemerkbar. Die Psychologen sprechen hier von der „Midlife-Crisis“. Sie kann sich bis zu drei Jahre über das Ende des 6. Jahrsiebts hinaus erstrecken, somit bis zum 45. Lebensjahr.

Viele Menschen prüfen in diesem Alter, ob sie mit ihrem bisherigen privaten und beruflichen Lebensgang glücklich oder doch zumindest zufrieden sind, ob es in derselben Weise weitergehen soll oder ob sie sich in der bald beginnenden zweiten Hälfte des Berufslebens nicht doch noch einer anderen Tätigkeit widmen wollen, die sie bisher nicht ausüben konnten, die aber als bisher nicht umgesetzter Wunsch in ihrer Seele lebt. Wie in der Jugend treten die mit unserer Individualität zusammenhängenden Ideale und Wünsche wieder mehr in den Vordergrund. So manchen Mittdreißiger beschäftigt fortan die Frage, ob sein Handeln wirklich im Einklang mit seinen inneren Überzeugungen steht. Bewusstes Handeln entsprechend den eigenen Idealen ist jetzt Ausdruck der Entwicklung der B e w u s s t s e i n s s e e l e. Sie ist das geistigste Seelenglied des Menschen und am engsten mit dem Ich verbunden.

Gerade durch die Art unseres Handelns können wir schon auf der Erde eine Verwandtschaft mit der Saturnsphäre entwickeln, sodass wir

---

[70] GA 218 „Geistige Zusammenhänge in der Gestaltung des menschlichen Organismus“, Berlin, Vortrag vom 7. Dezember 1922.

sie nach dem Tode bewusst durchleben können. Denn dort ist nicht nur von Bedeutung, ob wir im vorangegangenen Erdenleben ein echtes allgemein-menschliches Mitempfinden entwickelt haben, das weder an Volksgrenzen noch an Kultur- oder Religionsgrenzen halt macht, wie es in der Sonnensphäre schon von Bedeutung ist, sondern ob wir darüber hinaus auch entsprechend gehandelt haben. Unsere diesbezüglichen bewussten und zielgerichteten Taten sind hier das Maßgebliche.

„Es wird hier alles Früchte tragen, was der Mensch im irdischen Leben im Dienste der Gemeinsamkeit, in selbstloser Hingabe an seine Mitmenschen geleistet hat. Denn durch diesen Dienst, durch diese Hingabe hat er in einem Abglanz der dritten Region des «Geisterlandes» gelebt. Die großen Wohltäter des Menschengeschlechtes, die hingebungsvollen Naturen, diejenigen, welche die großen Dienste in den Gemeinschaften leisten, haben ihre Fähigkeit hierzu in dieser Region erlangt, nachdem sie sich in früheren Lebensläufen die Anwartschaft zu einer besonderen Verwandtschaft mit ihr erworben haben.“ [71]

Auch ohne zu den großen Wohltätern des Menschengeschlechtes zu zählen, können wir aus der Saturnsphäre den Impuls, anderen Menschen helfen zu wollen, in unser nächstes Erdenleben hinuntertragen. Das kann gerade im 6. Jahrsiebt bemerkbar werden, wenn sich unser vorgeburtliches Dasein in der Saturnsphäre im Erdenleben widerspiegelt.

Beim Autor dieses Buches geschah es in der Weise, dass er von seinem 35. Lebensjahr an immer stärker den Wunsch in sich zu verspüren begann, mit den bis dahin verinnerlichten spirituellen Lehren und damit verbundenen Idealen nicht im Theoretischen verbleiben zu wollen, sondern sie in konkretes Handeln umzusetzen. Den Menschen auf irgendeine Weise zu helfen, wurde sein nächstes Ziel. Nach längerem Ringen mit dem neuen inneren Impuls entschloss er sich zur Mitte des Jahr-

---

[71] GA 9 „Theosophie“, Kapitel „Der Geist im Geisterland nach dem Tode“.

siebts, neben seinem bisherigen Beruf eine Ausbildung zum Heilpraktiker zu machen. Schon in seiner Jugend hatte er Heilkräuter gesammelt
und sich für alternative Heilmethoden interessiert. Nun war offenbar die
Zeit gekommen, das in die Tat umzusetzen. Gegen Ende des Jahrsiebtes,
drei Monate vor seinem 42. Geburtstag, erhielt er schließlich die amt-
liche Heilpraktiker-Erlaubnis und war nun bereit zum Berufswechsel.

Selbstverständlich gibt es die verschiedensten Möglichkeiten und
Wege, wie man anderen Menschen helfen kann, und die Kräfte aus der
Saturnsphäre können ihren Ausdruck in der vielfältigsten Weise finden,
jeweils entsprechend den Begabungen und Interessen jedes Einzelnen.
Immer aber verdanken wir es gerade den Kräften aus dieser Sphäre,
dass unsere geistigen Ideale in uns nicht bloße Theorie bleiben müssen,
sondern wir sie in reale Erdentaten umsetzen und geistgemäß handeln
können.

Doch noch in anderer Hinsicht ist der nachtodliche Durchgang durch
die Saturnsphäre, wo wir den Urbildern alles Seelischen begegnen,
gerade für Schüler der Geisteslehren von besonderer Bedeutung. Wir
eignen uns dort die Fähigkeit an, im nächsten Erdenleben unsere Leiblichkeit so auszubilden, dass sie Träger einer Seele werden kann, die
schon von Kindheit an der Spiritualität zugeneigt ist.

*„Wenn der Mensch, sagen wir, sich bemüht hat, in dem gegenwärtigen
Erdenleben sich mit geisteswissenschaftlichen Begriffen zu befassen, dann
ist eigentlich besonders bedeutungsvoll für sein nächstes Leben der
Durchgang durch die Saturnsphäre; denn in dieser werden die Bedingun-
gen geschaffen, dass der Mensch die Kräfte, die er sich hier durch die
Kenntnis der Geisteswissenschaft oder Anthroposophie aneignet, umsetzen
kann in solche Kräfte, die ihm dann seine Leiblichkeit plastisch ausgestal-
ten, so dass er es dann im nächsten Leben wie eine selbstverständliche
Anlage in sich trägt, zum Spirituellen hinzuneigen schon durch seine
Anlage. Also jetzt kann es so sein, dass der Mensch heranwächst; er ist als
Materialist oder als Evangelischer oder als Katholik erzogen worden. Die*

Geisteswissenschaft tritt an ihn heran; er ist empfänglich dafür, lehnt sie nicht ab aus diesem oder jenem Grunde: dann hat er sie innerlich seelisch aufgenommen. Jetzt geht er durch die Pforte des Todes; er kommt durch die Saturnsphäre. Indem er durch sie hindurch geht, nimmt er solche Kräfte auf, dass er sozusagen in seinem nächsten Leben der geborene spirituelle Mensch ist, dass er schon als Kind überall Hinneigung zum Spirituellen zeigt." [72]

Zu Zeiten der alten ägyptischen Kultur war das noch bei den meisten Menschen der Fall. Sie reiften auf natürliche Weise bis zum Alter von 35 bis 42 Jahren[73] und waren daher allem Spirituellen sehr zugetan. Während die Griechen und Römer nur die lichte oberirdische Welt der Lebenden wirklich wertschätzten und ihren Herrscher Zeus oder Jupiter sowie die Herrin des Lebens, Demeter oder Ceres, besonders intensiv verehrten, hatten die alten Ägypter noch eine umfassendere Weltanschauung. Sie reiften auf natürliche Weise bis in das 6. Jahrsiebt hinein, in dem der Einfluss der Saturnsphäre mit den geistigen Urbildern alles Seelischen zum Tragen kommt. Daher waren sie von der tiefen Überzeugung erfüllt, dass die menschliche Seele nach dem Tode in einer sehr lebendigen seelisch-geistigen Welt weiterexistiert. Das Totenreich war für sie noch nicht zu dem schwarzen Schattenreich der Griechen geworden, finster wie die irdische Welt in einer dunklen Neumondnacht und regiert von einem düsteren, bedrohlichen Gott wie dem römischen Saturn, dem griechischen Hades oder Pluton.

Zu Beginn ihrer Kultur war das Totenreich für die alten Ägypter noch eine Welt, die sie wie vom Licht des hellstrahlenden Vollmondes beleuchtet erlebten, regiert vom weisheitsvollen Gott Osiris. Ihn sowie

---

[72] GA 140 „Okkulte Untersuchungen über das Leben zwischen Tod und neuer Geburt", München, Vortrag vom 12. März 1913.
[73] Vgl. Seite 71

seine Schwester und Gattin Isis verehrten sie daher im Zusammenhang mit den Mondphasen.[74]

Isis galt ihnen als die Herrin der Seele. Sie erweiterte die besten Anteile der menschlichen Einzelseelen nach dem Tode zu einer allumfassenden Gesamtseele, wie es dem nachtodlichen Leben in der Saturnsphäre entspricht. Damit eröffnete sie den Verstorbenen die Möglichkeit, sich mit Osiris vereinen zu können, selbst zum Osiris werden zu können. Die Menschen starben damals zum Osiris hin, ähnlich wie wir heute im rosenkreuzerischen Sinne sagen: „In Christo morimur – zu Christus hin, in den Christus hinein sterben wir". Das wurde im altägyptischen Isis- und Osiris-Kult schon vorbereitet.

Das 7. Jahrsiebt und die Tierkreissphäre (Alter: 42 – 49 Jahre)

Im Alter von 42 bis 49 Jahren äußern sich im irdischen Lebenslauf die Einflüsse aus der 4. Region der geistigen Welt. Sie enthält die geistigen Urbilder all dessen, was nur der Mensch allein durch schöpferische Tätigkeit der irdischen Außenwelt hinzufügt.

„Aber durch ihn sind in der Welt die Schöpfungen der Künste und Wissenschaften, der Technik, des Staates und so weiter, kurz alles das, was er als originale Werke seines Geistes der Welt einverleibt. Zu alledem wären, ohne sein Zutun, keine physischen Abbilder in der Welt vorhanden. Die Urbilder nun zu diesen rein menschlichen Schöpfungen finden sich in der vierten Region des «Geisterlandes». Was der Mensch an wissenschaftlichen

---

74 Siehe z.B. GA 106 „Ägyptische Mythen und Mysterien", Leipzig, Vortrag vom 8. September 1908.

Ergebnissen, an künstlerischen Ideen und Gestalten, an Gedanken der Technik während des irdischen Lebens ausbildet, trägt in dieser vierten Region seine Früchte. Aus dieser Region saugen daher Künstler, Gelehrte, große Erfinder während ihres Aufenthaltes im «Geisterland» ihre Impulse und steigern hier ihr Genie, um bei einer Wiederverkörperung in verstärktem Maße zur Fortentwicklung der menschlichen Kultur beitragen zu können. – Man soll sich nicht vorstellen, dass diese vierte Region des «Geisterlandes» nur für besonders hervorragende Menschen eine Bedeutung habe. Sie hat eine solche für alle Menschen. Alles, was den Menschen im physischen Leben über die Sphäre des alltäglichen Lebens Wünschens und Wollens hinaus beschäftigt, hat seinen Urquell in dieser Region. Ginge der Mensch in der Zeit zwischen dem Tode und einer neuen Geburt durch sie nicht hindurch, so würde er in einem weiteren Leben keine Interessen haben, welche über den engen Kreis der persönlichen Lebensführung hinaus zum Allgemein-Menschlichen führen."[75]

Was die Menschen hier erleben und wie viel sie an Kräften aufnehmen können, ist jedoch gänzlich davon abhängig, auf welcher Entwicklungsstufe sie im vorangegangenen Erdenleben gestanden haben.

„Sie können im «Geisterland» nur die Früchte dessen genießen, was nach ihrer Begabung und nach dem Entwickelungsgrade des Volkes, Staates und so weiter, in die sie hineingeboren waren, ihnen zu leisten möglich war."

Bisher kann die Menschheit auf der Erde nur Unbelebtes und Unbeseeltes schaffen. Auch sind es nur die physischen Objekte der irdischen Außenwelt, welche auf die menschlichen Sinne einen solchen Reiz ausüben, dass sie sein Ich-Bewusstsein entzünden. Hierin zeigt sich ein innerer Zusammenhang der 4. Region der geistigen Welt sowohl mit der Merkursphäre wie auch mit der Marssphäre.

---

[75] GA 9 „Theosophie", Kapitel „Der Geist im Geisterland nach dem Tode".

Die Merkursphäre ist die erste Region der höheren Seelenwelt. Ihre Kräfte prägen das 1. Jahrsiebt des menschlichen Erdenlebens. Es dient vor allem der Entwicklung des physischen Leibes und dem erstmaligen Erwecken des Ich-Bewusstseins durch die physischen Sinnesorgane.

Die Marssphäre ist die erste Region der geistigen Welt. Ihre Kräfte spiegeln sich im 4. Jahrsiebt des Erdenlebens wider, in welchem unser Ich-Träger für uns verfügbar wird.

Im 7. Jahrsiebt, das sich über das Alter von 42 bis 49 Jahren erstreckt, kommt nun nicht unser Ich-Träger, sondern unser Ich selbst, das erste geistige Wesensglied des Menschen, zur freien Entwicklung. Das geschieht unter dem Einfluss der Kräfte einer Sphäre, die nicht mehr zu den Planetensphären zählt, sondern die unterste Region der Sternensphären ist. Sie enthält die zwölf Kräfte des Tierkreises, welche sowohl die zwölf physischen Sinne des irdischen Menschenleibes hervorbringen, als auch die aufrechte menschliche Gestalt, wie sie in Abbildung 5 (Seite 20) im Zusammenhang mit den Tierkreiszeichen dargestellt ist. Beide zusammen sind die unbedingte physische Voraussetzung dafür, dass der Mensch als Erdenwesen überhaupt zu einem Bewusstsein von sich selbst kommen kann, zu einem Ich-Bewusstsein.

Die Entwicklung unseres Ichs als eigenständigem geistigen Wesensglied erfordert, dass wir aus aller Gruppenseelenhaftigkeit, in die wir früher eingebunden waren, herausgelöst werden. Die Menschen der Antike fühlten sich noch sehr stark als Angehörige ihres Volkes oder Stammes. Selbst heute gibt es noch viele Menschen, die so fühlen. Andere empfinden zwar nicht mehr so streng völkisch oder national, identifizieren sich aber noch in hohem Maße mit dem Kreis ihrer Verwandtschaft, der Sippe. Letztlich jedoch muss jeder Mensch einmal aus all diesen Zusammenhängen, die auf Blutsverwandtschaft beruhen, herausgeschält werden, um zu einem freien, eigenständigen Ich werden zu können.

Damit wir auf diesem Weg der Entwicklung zu freien Individualitäten aber nicht in selbstsüchtigen Egoismus abrutschen, müssen wir zugleich ein allgemein-menschliches Interesse und Mitgefühl entwickeln, das alle anderen Menschen als gleichberechtigte Iche anerkennt und wertschätzt. An die Stelle der Blutsverwandtschaft wird auf diese Weise eine Geistesverwandtschaft treten. Wir werden uns als eine Gemeinschaft von gleichberechtigten kosmischen Geistwesen empfinden lernen, die sich nur für gewisse Zeiten in irdischen Leibern inkarnieren.

Um den Menschen diese Entwicklung zu ermöglichen, stieg die kosmische Christus-Wesenheit auf die Erde herab und vereinigte sich durch das Mysterium von Golgatha mit der Menschheit. Er ist der große Lenker der menschlichen Ich-Entwicklung, die mit den Kräften des Tierkreises so innig verbunden ist. Das führte er seinen Zeitgenossen auf der Erde bildhaft vor Augen, indem sich mit den zwölf Aposteln umgab. Er erschien als der Dreizehnte in ihrer Mitte, wie die Sonne am Himmel, die von den zwölf Kräften des Tierkreises umgeben ist.

„Etwas Neues trat da in die irdische Geistesatmosphäre ein. Wer nicht zugibt, dass jetzt geistig etwas anderes da ist auf der Erde, als vor Jahrtausenden da war, der versteht nicht das Christentum mit seiner Vorbereitung. Nur wer es so betrachtet, dass etwas Reales und Wirkliches als neuer Einschlag gekommen ist, der weiß, was da am Beginne des Christentums geschehen ist. Wenn Sie dies so betrachten, werden Sie auch den Ausdruck für die Umwandlung des Erdplaneten im Geistigen finden und sich sagen müssen: Alle engeren Blutsbande reißen. Alles, was die Menschen in kleinen Blutsgemeinschaften zusammengehalten hat, reißt allmählich. Die kleinen Bruderbünde werden allmählich erweitert zu dem großen Bruderbunde, der alle Menschen auf der Erde umfassen soll, wo jeder Mensch zu jedem Menschen Bruder sagt, wo der Mensch «Mutter und Vater und Bruder und Schwester verlässt». Alles, was das Blut bereitet hatte in einer Art von Gruppen-Ich, in einem Ich, das über das gewöhnliche Ich hinausgeht, das muss von der Erde verschwinden. [...] Die Aufgabe, den Impuls, die Kraft zu geben, diesen Bruderschaftsbund zu begründen, die stellte sich

der Christus Jesus. Daher ist die Mission des Christus Jesus und das Ideal des Christentums ausgedrückt in den Worten: «Wer nicht verlässt Vater, Mutter, Bruder und Schwester, der kann nicht mein Jünger sein.» Daher auch die Ablehnung: «Dies ist nicht meine Mutter. Meine Mutter und meine Brüder sind diejenigen, die den Willen meines Vaters tun.»[76] *Das ist der neue Geist, der gegenüber dem Blut in die Menschheit kommen soll."*[77]

Dieser erhabene Einfluss strömt uns insbesondere von der 4. Region der geistigen Welt zu, der Tierkreissphäre, welche die Ich-bildenden Kräfte enthält, die uns erst wirklich zu individuellen Menschen machen. Er kommt im 7. Jahrsiebt des Erdenlebens, im Alter von 42 bis 49 Jahren, darin zum Ausdruck, dass sich viele Menschen Aufgaben und Situationen gegenüber gestellt sehen, in denen sie ganz oder doch wenigstens sehr stark auf sich allein gestellt sind. In der Anstrengung, diesen Aufgaben oder Situationen gerecht zu werden, erkraftet das Ich zu mehr Eigenständigkeit. Selbstverständlich erfordert das nicht, seine Familie zu verlassen und eigene Wege zu gehen. Wir dürfen andere Menschen nicht im Stich lassen. Auch innerhalb des Familienverbundes, zum Beispiel in der Elternrolle, kann man sich mit Situationen konfrontiert sehen, in denen man stärker als sonst gefordert wird, Eigenständigkeit zu entwickeln, mehr auf eigenen Beinen zu stehen und sich selbst Stütze zu sein.

In allen Jahrsiebten zeigt sich, dass in den ersten drei Jahren physisch-materielle Aufgaben im Vordergrund stehen. Im dritten bis fünften Jahr eines jeden Jahrsiebts sind es mehr seelische Aspekte, und das fünfte bis siebte Jahr hat stets einen Bezug zur Entwicklung der Anlagen unserer höheren geistigen Wesensglieder. Das Ich, als niedrigstes geistiges Wesensglied, steht jeweils in besonderem Zusammenhang mit dem 4. und mittleren Jahr eines jeden Jahrsiebts. Abbildung 13 bietet hierzu

---

[76] Matthäus 12:48-50
[77] GA 96 „Ursprungsimpulse der Geisteswissenschaft", Berlin, Vortrag vom 25. März 1907.

eine schematische Übersicht, wobei darin, der besseren Übersichtlichkeit wegen, nicht berücksichtigt ist, dass jedes Wesensglied fast bis zur Hälfte sowohl in das vorangehende wie auch in das nachfolgende hinüberragt, wie ja auch jede kosmische Sphäre in die obere Hälfte der vorangehenden und die untere Hälfte der nachfolgenden hinüberwirkt.

So wird Rudolf Steiners Aussage über das früheste Ich-Erleben des Menschen verständlich: *„Das Kind lernt e r s t s o r e c h t im Ich leben, vom Ich zu wissen, etwa n a c h dem dritten Jahr."* [78]

Mit dem dritten Jahr intensiviert sich die Seelen-Entwicklung des Kindes und im vierten Jahr findet die Seele ihren Mittelpunkt im Ich. Weil die Seele aber mit dem Astralleib innig verbunden ist, ähnlich wie der physische Leib mit dem Ätherleib, ist ein erstes, vorübergehendes Aufflackern des Ich-Bewusstseins in Ausnahmefällen schon ab dem zweiten Geburtstag möglich, das heißt mit dem Beginn des dritten Lebensjahres. Denn dann intensiviert sich bereits die Entwicklung am Astralleib und der Empfindungsseele, welche beide mit dem Ich in Verbindung stehen.

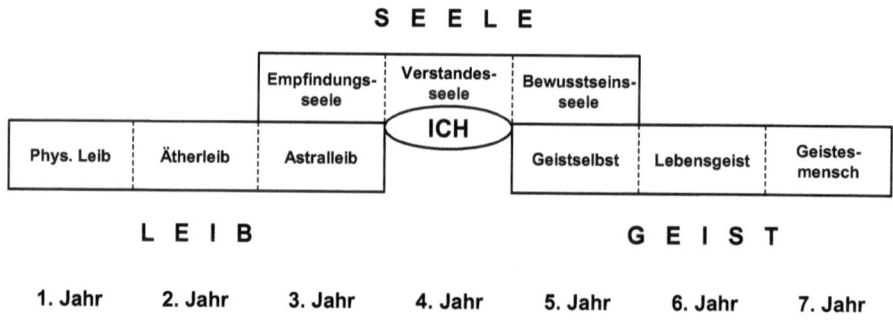

Abbildung 13: Die Beziehung der menschlichen Wesensglieder zu den einzelnen Jahren eines jeden Jahrsiebtes

---

[78] GA 127 „Die Mission der neuen Geistesoffenbarung", Zürich, Vortrag vom 25. Februar 1911.

Doch zurück zur Betrachtung des 7. Jahrsiebtes und seinem Zusammenhang mit dem Tierkreis und der Kräftigung des Ichs. Wie äußert sich das im Erdenleben. Zur Veranschaulichung mag ein Beispiel aus dem Lebenslauf des Autors dieses Buches beitragen.

Gegen Ende des 6. Jahrsiebtes war sein Vater verstorben, genau sieben Jahre nach dem Tod der Mutter. So war er ab dem 7. Jahrsiebt ohne Eltern. Gleichzeitig vollzog er einen Berufswechsel, der ihn als Heilpraktiker in die Selbständigkeit führte. Zur Übernahme einer Praxis zog er nun aus dem Süden in die Mitte Deutschlands. Eine Reihe äußerer Ereignisse führten dazu, dass der Umzug gerade zwei Tage vor seinem 42. Geburtstag stattfand und damit genau zum Beginn des neuen Jahrsiebtes, ohne dass es so von ihm beabsichtigt gewesen wäre.

Aufgrund der nun größeren Entfernung zum früheren Freundeskreis lösten sich in den folgenden Jahren die Kontakte. Arbeitskollegen gab es auch keine mehr. Hinzu kam im Privatleben eine Trennung in gegenseitigem Einvernehmen, sodass er letztlich aus allen vorherigen Zusammenhängen völlig herausgeschält wurde. Er war jetzt ganz auf sich allein gestellt. Im 4. Jahr des Jahrsiebts empfand er das besonders intensiv, wie einen Dualismus von Ich und Welt. Die Welt erschien ihm nun mit allen in ihr enthaltenen Wesen als ein einheitliches Gegenüber. Sie war nun zu seinem Du geworden, wie ein makrokosmisches Ich, dem er als mikrokosmisches Ich nachgebildet war.

In diesem Alleinsein suchte der Autor Stütze im Geiste. So wandte er sich innerlich an Christus sowie an Christian Rosenkreutz mit der Bitte um Führung und einen Hinweis, wie sein Weg in geistiger Hinsicht weitergehen solle. Diesen Hinweis erhielt er bald darauf. Er führte ihn zur Mitgliedschaft in der Anthroposophischen Gesellschaft. Das geschah im 5. Jahr dieses Jahrsiebtes, das mit dem Geistselbst in Beziehung steht, genau 3 x 7 Jahre nach seinem Beitritt zur Deutschen Rosenkreuzer-Gemeinschaft. Damals, ebenfalls im 5. Jahr des Jahrsiebtes, fühlte er sich von Buddha und Rudolf Steiner zu Christian Rosenkreutz hingeführt.

Nun fühlte er sich von Christian Rosenkreutz zu Rudolf Steiner geführt, genau umgekehrt wie im 4. Jahrsiebt. Das veranlasste ihn, fortan noch intensiver als schon in all den Jahren zuvor täglich in einem der Vorträge Rudolf Steiners zu lesen und sein Studium der Anthroposophie auf jene Vortragszyklen auszuweiten, mit denen er sich noch nicht beschäftigt hatte.

Die Tatsache, dass das 7. Jahrsiebt des menschlichen Erdenlebens mit dem Tierkreis zusammenhängt, ergibt sich auch einem Blick zurück auf die urpersische Kultur. Die Menschen der damaligen Zeit reiften auf natürliche Weise noch bis zum Alter von 42 – 49 Jahren[79] und waren daher ab ihrem 7. Jahrsiebt für den Einfluss der Tierkreissphäre besonders empfänglich, obwohl sie noch nicht zur vollen Ich-Entwicklung befähigt waren. Diese sollte erst zwei Zeitalter später einsetzen. Dem Begründer der urpersischen Kultur, dem ersten Zarathustra, auch Zoroaster genannt, ermöglichte die damalige Entwicklungsstufe der Menschheit jedoch schon, seine Schüler über die große Bedeutung und das Wirken des höchsten Sonnengeistes Ahura Mazdao oder Ormuzd aufzuklären. Er konnte Ihn als die große geistige Aura der Sonne wahrnehmen und lehrte seine Zeitgenossen, dass das Wirken Ahura Mazdaos seinen bildhaften Ausdruck in der Sinneswelt findet im Gang der Sonne durch den Tierkreis, gleich einem Schriftzeichen am Himmel. Das lateinische Wort „Zodiacus" für den Tierkreis hat seinen Ursprung in dieser urpersischen Kultur:

„So war ihnen besonders ein wichtiges Schriftzeichen dies: dass Ahura Mazdao seine Schöpfungen, seine Offenbarungen in der Welt dadurch vollbringt, dass er scheinbar im Sinne unserer Astronomie einen Kreis im Himmelsraum zu beschreiben hat. Dieses Beschreiben eines Kreises wurde der Ausdruck für ein Schriftzeichen, das Ahura Mazdao oder Ormuzd den Menschen kundgibt, um zu zeigen, wie er wirkt, wie er seine Taten in den ganzen Weltenzusammenhang stellt. Da war es wichtig, dass Zarathustra

---

[79] Vgl. Seite 70/71

darauf hinweisen konnte: Es ist der Tierkreis, der Zodiakus, eine in sich selbst zurückkehrende Linie, ein Ausdruck für die in sich selbst zurückkehrende Zeit. Im höchsten Sinne des Wortes geht der eine Ast der Zeit nach der Zukunft, nach vorwärts, der andere in die Vergangenheit, nach rückwärts. Was später der Tierkreis wurde, ist Zaruana akarana: die in sich selbst sich findende Zeitlinie, welche Ormuzd beschreibt[80], der Geist des Lichtes. Das ist der Ausdruck für die geistige Tätigkeit des Ormuzd. Die Bahn der Sonne durch die Tierkreisbilder ist der Ausdruck der Tätigkeit des Ormuzd, und Zaruana akarana hat sein Symbol im Tierkreis. Im Grunde genommen sind «Zaruana akarana» und «Zodiakus» dasselbe Wort so wie «Ormuzd» und «Ahura Mazdao».“ [81]

Die *„in sich selbst zurückkehrende Zeit“* kennzeichnet den Zustand der Ewigkeit in der Tierkreissphäre. Das Phänomen der Zeit ist ein Phänomen der Seelenwelt und es reicht nur so weit in die geistige Welt hinein, als deren Sphären von den Sphären der Seelenwelt durchdrungen werden. Dieser Einfluss reicht bis zur Saturnsphäre, wie Abbildung 12 (Seite 67) zeigt. Die Tierkreissphäre liegt über den zeitlichen Regionen. Sie unterliegt als die vierte Region der geistigen Welt nicht mehr dem zeitlichen Einfluss der Seelenwelt. In ihr herrscht stattdessen schon die Eigenschaft der Zeitlosigkeit oder Ewigkeit vor, die allen Sphären des Sternenhimmels zu eigen ist. Und weil wir mit unserem Ich der zeitlosen Tierkreisregion angehören, haben wir Anteil an der Ewigkeit und sind unsterbliche Geistwesen.

Was wir heute als Astrologie und Astronomie kennen, war früher einmal eine Einheit. Ihr Ursprung liegt in der urpersischen Kultur. So ist es ist keineswegs ein Zufall, dass die drei in der Bibel erwähnten „Magier“ oder Eingeweihte „aus dem Osten“[82] kamen, aus jener Region,

---

[80] im Sinne von: „welche Ormuzd am Himmel vollzieht“

[81] GA 60 „Antworten der Geisteswissenschaft auf die großen Fragen des Daseins“, Berlin, Vortrag vom 19. Januar 1911.

[82] Matthäus 2.

wo sich bei einigen Volksstämmen damals noch am meisten Reste sowohl der ursprünglichen Himmelskunde des alten Persiens wie auch des alten, instinktiven Hellsehens bewahrt hatten. Daher war es ihren Eingeweihten möglich, durch die Beobachtung von Veränderungen am Sternenhimmel, welche bestimmte Seelenbilder in ihnen hervorriefen, konkrete Hinweise auf den Zeitpunkt und Ort der schon lange von ihnen erwarteten Geburt des Jesuskindes zu erhalten.[83]

Was uns heute noch an astrologischen Werken aus der Antike vorliegt, sind schriftlich niedergelegte Lehren aus einer Zeit, als die spirituelle urpersische Sternenweisheit Zarathustras längst zu einer veräußerlichten Tradition geworden und sehr verändert worden war.

Das 8. Jahrsiebt und die Sphäre des Geistselbstes (Alter: 49 – 56 Jahre)

Jenseits der Tierkreissphäre liegt die fünfte Region der geistigen Welt. Sie ist zugleich die erste der h ö h e r e n geistigen Welt, wenngleich man unter einem etwas weitergesteckten Blickwinkel auch schon die vierte Region, die Tierkreissphäre, dazu zählen kann. In der fünften Region der geistigen Welt ist das eigentliche Selbst des Menschen zu Hause, sein „Geistselbst". Rudolf Steiner schrieb dazu in seinem Buch „Theosophie":

„Was er hier ist, das ist wirklich er selbst. Das ist dasjenige, was in den mannigfaltigen Verkörperungen ein äußeres Dasein erhält. In dieser Regi-

---

[83] Clemens Brentano (1778 – 1842) berichtet in seinem Buch „Das Marienleben", was ihm die stigmatisierte Nonne Anna Katharina Emmerick bzw. Emmerich (1774 – 1824) aus ihren Visionen über die jahrhundertelang betriebene Sternkunde bei den Volksstämmen der heiligen drei Könige mitteilte.

on kann sich das wahre Selbst des Menschen nach allen Seiten frei ausleben. Und dieses Selbst ist also dasjenige, welches in jeder Verkörperung
immer von neuem als das eine erscheint. Dieses Selbst bringt die Fähigkeiten mit, die sich in den unteren Regionen des «Geisterlandes» ausgebildet
haben. Es trägt somit die Früchte der früheren Lebensläufe in die folgenden hinüber. Es ist der Träger der Ergebnisse früherer Verkörperungen."

Zwei Seiten danach schreibt Rudolf Steiner: „Da der Mensch in der
fünften Region in seinem eigentlichen Selbst lebt, so ist er auch heraus-
gehoben aus allem, was ihn aus den niederen Welten während der Verkörperungen umhüllt. Er ist, was er immer war und immer sein wird während
des Laufes seiner Verkörperungen. Er lebt in dem Walten der Absichten,
welche für diese Verkörperungen bestehen und die er in sein eigenes Selbst
eingliedert. Er blickt auf seine eigene Vergangenheit zurück und er fühlt,
dass alles, was er in derselben erlebt hat, in die Absichten, die er in Zukunft
zu verwirklichen hat, aufgenommen wird. Eine Art Gedächtnis für seine
früheren Lebensläufe und der prophetische Vorblick für seine späteren
blitzen auf."[84]

Indem sich der Mensch im Verlaufe seiner nachtodlichen Entwicklung bis in die Sternenwelt hinaus weitet, sogar noch über die Tierkreisregion hinaus, gelangt er in Sphären, welche die Urkräfte aller darunter
liegenden Regionen enthalten. In ähnlicher Weise wie man im oberen
Bereich eines Berges, wo man bereits dem Gipfel näher kommt, einen
weiten Rundblick über die tiefer gelegene Landschaft erlangt, so bietet
auch die erste Region der höheren geistigen Welt jenen Menschenseelen, die sich bis dorthin ein gewisses Maß an Bewusstsein bewahren
können, einen Überblick über ihre vergangenen Inkarnationen.

Im alten Indien, zu Zeiten der urindischen Kultur des 8. bis 6. Jahrtausends vor Christus, erlangten alle Menschen noch auf ganz natürliche
Weise einen solchen Überblick, sobald sie das Alter von 49 bis 56 Jahren

---

84 GA 9 „Theosophie", Kapitel „Der Geist im Geisterland nach dem Tode".

erreichten, die Jahre ihres 8. Jahrsiebtes.[85] Daher haben sich gerade in den Religionen Indiens, sowohl im Hinduismus wie auch im Buddhismus, die Lehren von Reinkarnation und Karma erhalten. Allerdings erlitten diese, ähnlich wie die spirituelle Sternenlehre der Urperser, im Verlaufe der Jahrtausende durch die Traditionsbildung viele Verzerrungen und Verfälschungen bis hin zur Lehre der sogenannten „Seelenwanderung", wonach die Menschen in Abhängigkeit von ihrem Karma sich in Tieren unterschiedlichster Entwicklungsstufen inkarnieren könnten und ebenso alle Tiere auch als Menschen wiederkehren könnten.

Diese Auffassung kam wohl zustande, weil bei den vorchristlichen Kulturen des Ostens das Ich-Bewusstsein noch nicht sehr ausgeprägt war. Die Urinder wussten zwar aus inneren Erlebnissen heraus, dass sie in Wirklichkeit Geistwesen sind und einer geistigen Welt angehören. Doch sie empfanden sich noch wenig als Einzelwesen, sondern viel mehr zugehörig zu einer Gruppenseele oder einem Gruppengeist, ähnlich der Situation im Tierreich, wo sich ein gemeinsamer Geist zwar durch die Verbindung mit irdischen Leibern in kleinere Einheiten differenziert, diese aber keinen dauerhaften Bestand haben, sondern nach ihrem Tode wieder in den Gruppengeist aufgenommen werden. Das Bewusstsein der Urinder war darüber hinaus noch stark von Träumen durchsetzt und damit dem traumhaften Bilderbewusstsein der höheren Tierwelt ähnlich.

Wenn wir heutzutage das Alter von 49 bis 56 Jahren erreichen, äußert sich der Zusammenhang dieser Jahre mit der Sphäre des Geistselbstes im allgemeinen nur noch in einer Stimmung des Rückblickes auf unser bisheriges Leben. Wir sind dann über diejenigen Jahrsiebte hinaus, in denen unser irdischer Leib von den Kräften der Planetensphären und des Tierkreises aufgebaut wird. Infolgedessen durchlaufen wir die sogenannten Wechseljahre. In einer weiblichen Inkarnation kommt das in stärkeren hormonellen Veränderungen zum Ausdruck, als

---

[85] Vgl. Seite 70

110

in einer männlichen Inkarnation. Gewisse biologische Prozesse klingen allmählich aus. Bei beiden Geschlechtern ist diese Phase verständlicherweise mit einer gewissen seelischen Unruhe und Instabilität verbunden, denn es gehen damit auch Veränderungen im Astralleib einher, welche die Umwandlung eines Teiles desselben zum Geistselbst erleichtern sollen. Geist ist der Gegenpol zum Stoff. Deshalb hat das Geistigerwerden des Menschen in der zweiten Lebenshälfte zwangsläufig eine Abnahme der leiberhaltenden stofflichen Prozesse zur Folge.

Auch der Autor bemerkte mit Beginn seines 8. Jahrsiebtes, im 49. Lebensjahr, wie sich ein inneres Bedürfnis nach Rückblick auf die bereits durchlebten Jahrsiebte seines Erdenlebens zu regen begann. Infolgedessen betrieb er in den nächsten drei Jahren eine intensive Erinnerungsarbeit. Um die einzelnen Erinnerungen zeitlich besser einordnen zu können, erstellte er sich einen tabellarischen „Lebensplan", ähnlich einem „Stundenplan", wie er in der Schule Verwendung findet. So erhielt er für jedes Jahr seines Erdenlebens ein leeres Feld, in das er Notizen zu Ereignissen aus dem betreffenden Jahr eintragen konnte.

	0	1	2	3	4	5	6
1. Jahr-siebt							
	7	8	9	10	11	12	13
2. Jahr-siebt							

Abbildung 14: Schema einer Tabelle zur Erstellung eines Lebensplans

Anfangs gelang ihm nur für die wichtigsten Ereignisse eine genaue zeitliche Zuordnung. Doch von Tag zu Tag, von Woche zu Woche füllte sich die Tabelle immer mehr und er erhielt letztlich eine detaillierte Übersicht über sein ganzes bis dahin zurückgelegtes Erdenleben. Auf dieser Grundlage versetzte er sich anschließend innerlich wiederholt in vergangene Erlebnisse zurück und versuchte, alles so lebendig wie nur möglich zu erinnern und in inneren Bildern zu erleben als sei es Gegenwart. Das ist möglich, weil in unserem Ätherleib alle vergangenen Erlebnisse abgespeichert sind. Mit einiger Übung können wir viele davon wieder abrufen und bis zur lebendigen inneren Anschauung bringen.

Eine solche rein seelische Tätigkeit ist zugleich eine okkulte Übung, denn Erinnerungen sind übersinnlicher Natur. Man kann sie weder mit physischen Augen sehen, noch mit Ohren hören oder mit Händen greifen. Auch erhebt man sich dadurch vom räumlichen Erleben in der Gegenwart in ein rein zeitliches Erleben der Vergangenheit, das jenem verwandt ist, welches wir nach dem Tode in der Seelenwelt durchleben. Indem wir uns darin bewusst üben, sind wir im Übersinnlichen tätig und kommen dadurch in engeren Kontakt mit unserem Engel. Rudolf Steiner erklärte hierzu:

„Und damit komme ich auf ein bedeutsames Kapitel geistiger Erkenntnis. Nehmen Sie an, Sie reflektieren in menschlicher Selbsterkenntnis auf das Gedächtnis, auf die Erinnerungsfähigkeit. Sie sagen: Ich wende mein inneres Organ, mein Seelenorgan, auf die Erinnerungsfähigkeit an. – Aber auf das, auf was Sie da hinschauen, müssen Sie, wenn Sie mit vollem Bewusstsein hinschauen, so hinschauen, dass Sie sich sagen: In dieser ganzen Tätigkeit, in diesem Vorgang des Erinnerns webt und lebt der Angelos drinnen. – Versuchen Sie jetzt in diesem Momente einmal, sich an etwas zu erinnern, was Sie gestern erlebt haben, an irgendein Ereignis. Da haben Sie einen inneren Seelenvorgang sich abspielen lassen. In dem, was sich da abspielt, und indem ein gestriger Gedanke in Ihnen auftaucht, ein gestriges Erlebnis sich Ihnen neu offenbart in der Erinnerung, darinnen ist ein Engel tätig." [86]

---

[86] GA 196 „Geistige und soziale Wandlungen in der Menschheitsentwicklung", Dornach, Vortrag vom 13. Februar 1920.

Die Angeloi oder Engelwesen sind diejenigen geistigen Wesenheiten, die uns von Erdenleben zu Erdenleben führen. Sie haben das Geistselbst schon voll entwickelt und wurden daher zu Hütern auch des menschlichen Geistselbstes berufen. Deshalb überblickt jeder Engel alle Inkarnationen des von ihm behüteten Menschenwesens.

Im Verlaufe seiner oben beschriebenen Erinnerungsarbeit und der damit einhergehenden engeren Verbindung mit seinem Engel, nahm der Autor wahr, wie in ihm der Wunsch immer stärker wurde, etwas über seine vorherige Inkarnation zu erfahren. Zu diesem Zeitpunkt war ihm noch nicht bekannt, dass im 8. Jahrsiebt, in dem er sich gerade befand, die vorgeburtlichen Erlebnisse aus der 5. Region der geistigen Welt, der Sphäre des Geistselbstes, in der Seele wirksam werden, sodass von diesem Lebensalter an die Verhältnisse besonders günstig sind, etwas über die eigene vorherige Inkarnation oder sogar noch frühere Inkarnationen zu erfahren. Zugleich fühlte er sich von innen her aufgerufen, in der nächsten Zeit mehr zu meditieren, um die Empfänglichkeit für übersinnliche Wahrnehmungen zu verbessern.

Im vierten Jahr des 8. Jahrsiebts, das – wie bei jedem anderen Jahrsiebt auch – mit dem Ich des Menschen in Verbindung steht, gingen ihm innerlich erste Ahnungen bezüglich seiner vorherigen Inkarnation auf. Er war sich jedoch darüber im Klaren, dass hierbei äußerste Vorsicht geboten ist, weil man sich dabei nur allzu leicht in eine Illusion verstricken kann. Deshalb nahm er die Ahnungen zunächst nur als Möglichkeiten hin und ließ sie ganz bewusst in der Schwebe. Noch fühlte er sich aus eigener Kraft nicht imstande, hier Klarheit zu gewinnen. Doch die Ahnungen verstärkten sich und wiesen zunehmend in eine gewisse Richtung.

Im darauffolgenden fünften Jahr wandte er sich schließlich betend an Christus und seinen Engel mit den Worten: „Wenn es karmisch möglich und meiner weiteren Entwicklung nicht hinderlich ist, dann würde ich gerne wissen, wer ich in meinem früheren Erdenleben war. Aber nicht mein, sondern Dein Wille geschehe." Mit diesem Gebet gab er seinen Wunsch vollständig (!) an seine höhere Führung ab und überließ alles Weitere dem Willen Gottes. Er empfand ganz deutlich, dass er jetzt einfach abwarten müsse, denn die geistige Welt gibt aus Gnade, und nur dann, wenn sie die Gabe für gerechtfertigt hält. Einige Wochen später wurde ihm der Wunsch erfüllt, ganz im Einklang mit folgenden Worten Rudolf Steiners, die der Autor erst später entdeckte:

„Für jeden Menschen müssen wir voraussetzen eine Wesenheit, welche dadurch, dass sie um eine Stufe höher ist als der Mensch, die Individualität von einer Inkarnation zur anderen hinüber leitet. [...] Das sind einfach wachsame Wesenheiten, die sozusagen das Gedächtnis bewahren von einer Inkarnation zur anderen, solange der Mensch selber es nicht kann. Und diese Wesenheiten sind eben die Angeloi oder Engel. So dass wir sagen können: Jeder Mensch ist in jeder Inkarnation eine Persönlichkeit, aber über jeden Menschen wacht eine Wesenheit, welche ein Bewusstsein hat, das von Inkarnation zu Inkarnation geht. Das ist es ja auch, was möglich macht, dass für gewisse niedrigere Grade der Einweihung der Mensch, wenn er auch selbst noch nichts weiß von seinen vorhergehenden Verkörperungen, doch die Möglichkeit erhält, seinen Engel zu fragen. Das ist für gewisse niedere Grade der Initiation durchaus möglich." [87]

Niedere Grade der Initiation können schon erreicht werden, wenn man den Anweisungen folgt, die Rudolf Steiner in seinem Buch „Wie erlangt man Erkenntnisse der höheren Welten?" dargelegt hat. Die dort beschriebene Vorgehensweise ist auch heute noch der sicherste Weg des Einstieges in die Geistesschülerschaft. Meditation und Konzentration wirken organisierend auf unseren Astralleib und machen ihn empfänglich für die übersinnliche Welt. Das ermöglicht unserer geistigen Führung, von innen her in engeren Kontakt mit uns zu treten und unsere weitere Entwicklung gezielter zu lenken. Jedoch können innere

---

[87] GA 110 „Geistige Hierarchien und ihre Wiederspiegelung in der physischen Welt", Düsseldorf, Vortrag vom 15. April 1909.

Wahrnehmungen auch völlig in die Irre führen. Aus diesem Grunde bedarf jede Mitteilung von innen, gleichgültig ob sie in Form von Bildern oder durch Worte geschieht, der a l l e r g r ü n d l i c h s t e n Prüfung!

Günstig hierbei ist, wenn die von innen kommende Mitteilung durch eine zeitgleich von außen kommende gestützt wird. So geschah es beim Autor. Eines Tages wurde seine von innen her immer häufiger auftretende Ahnung zusätzlich von außen bestätigt und zwar in einem ganz besonderen Augenblick. Noch am selben Tag erhielt er dazu eine innere Ergänzung, indem ihm gleich zehn Erinnerungen ins Bewusstsein gestellt wurden, die alle mit seiner vorherigen Inkarnation in Beziehung stehen. Hier zeigt sich, wie wichtig die in den Jahren davor vom Autor durchgeführte Erinnerungsarbeit war, denn nun konnte sein Engel aus dem reichen Erinnerungsschatz die wichtigsten Ereignisse auswählen und ihm ins Bewusstsein stellen. Auf diese Weise wurde ihm vor Augen geführt, wie vieles, das mit seiner vergangenen Inkarnation zusammenhängt, sich wie ein roter Faden durch sein heutiges Leben zieht, ohne dass ihm das vorher jemals aufgefallen wäre.

Erst später fand der Autor bei Rudolf Steiner eine Bestätigung seines Empfindens, dass gerade die von außen kommende Bestätigung ganz besonders wichtig ist. So sprach Rudolf Steiner in einem Vortrag des Jahres 1916 in Berlin zu seinen Zuhörern:

„Soll jemand wirklich etwas wissen über seine vorhergehende Inkarnation, so ist es in der Gegenwart nicht so, dass man es von innen heraus fassen kann, sondern man wird von außen herein aufmerksam gemacht durch irgendein äußeres Ereignis oder von jemand anderem. Heute ist es in der Regel falsch, wenn einer von innen heraus schöpft und sich diktiert: Ich bin dieses oder jenes. Wenn jemand etwas wissen soll, wird es ihm von außen gesagt." [88]

---

88 GA 169 „Weltwesen und Ichheit", Berlin, Vortrag vom 18. Juli 1916.

Rudolf Steiner selbst hatte ebenfalls einen solchen äußeren Hinweis zu seiner vorherigen Inkarnation erhalten im Verlaufe eines Gespräches mit dem Zisterzienser-Pater Wilhelm Neumann in Wien:

„Und dann kam das Merkwürdige, dass ich einmal in Wien einen Vortrag hielt. Dieselbe Persönlichkeit war dabei, und nach dem Vortrage machte sie eine Bemerkung, die gar nicht anders aufzufassen war, als dass der Mann in diesem Augenblicke ein volles Verständnis hatte für einen Menschen der Gegenwart und für die Beziehung dieses Menschen der Gegenwart zu seiner früheren Inkarnation. Und was er da über den Zusammenhang von zwei Erdenleben sagte, das war richtig, war nicht falsch. Aber er verstand gar nichts; er sprach das nur." [89]

Die für Rudolf Steiner hierbei so bedeutsamen Worte lauteten: *„Die Keime zu diesem Vortrage, den Sie heute uns gehalten haben, die liegen schon bei Thomas von Aquino!"* [90]

Rudolf Steiner hat diesen Hinweis schon in seinem 4. Jahrsiebt erhalten. Wir wissen nicht, ob er damals bereits zu seiner früheren Inkarnation durchdrang. Sollte ihm das erst in einem späteren Jahrsiebt gelungen sein, so gehört das von ihm berichtete Erlebnis doch sicherlich zu jenen Ereignissen, die mit der früheren Inkarnation zu tun haben und sich wie ein roter Faden durch unsere heutige Inkarnation ziehen.

Erlebnisse ähnlicher Art haben vermutlich viele Menschen. Doch sie bleiben oft sowohl unbeachtet wie auch unverstanden. Die Zuhilfenahme äußerer Erlebnisse bei der Frage nach der früheren Inkarnation ist ein Erfordernis unserer Zeit, sogar dann, wenn jemand schon eine so hohe Stufe der übersinnlichen Wahrnehmung erreicht hat, wie es bei Rudolf Steiner der Fall war. Prinzipiell wäre es zwar möglich, durch eine

---

[89] GA 240 „Esoterische Betrachtungen karmischer Zusammenhänge – Band VI", Arnheim, Vortrag vom 18. Juli 1924.

[90] GA 74 „Die Philosophie des Thomas von Aquino", Dornach, Vortrag vom 24. Mai 1920.

gewisse Entwicklung der Sprachkräfte, einen direkten Blick in frühere Inkarnationen zu erlangen. Das wäre aber unweigerlich damit verknüpft, dass die betreffende Person zugleich den schlimmsten Versuchungen ausgesetzt würde. Denn die Sprachkräfte hängen mit den Geschlechtskräften zusammen, wie der Stimmbruch bei männlichen Jugendlichen zeigt. Deshalb bedient sich die geistige Führung der Menschheit heute anderer Mittel.

„Und eines dieser Mittel ist ein solches, das einem sonderbar erscheinen wird, aber durchaus auf einer tieferen Wahrheit beruht. Irgendjemand lebt sich in das innere Leben hinein. Es würde ihn zu viel Anstrengung kosten oder vielleicht zu starke Versuchungen herbeiführen, wenn er nur durch die Ausbildung der Sprachkräfte dazu kommen würde, karmisch zurückzuschauen in die früheren Erdenleben. Daher nehmen die geistigen Mächte zu einem anderen Mittel Zuflucht. Wie ein Zufall sieht es aus: Da erlebt zum Beispiel dieser Mensch, dass ein anderer Mensch ihn antrifft, und nennt ihm einen Namen oder eine bestimmte Zeit oder ein bestimmtes Volk. Und das wirkt auf die Seele von außen so, dass sie durch diese Vorstellung die Unterstützungskräfte für das Hellsehen entwickelt. Und er merkt dann, dass dieser Name oder Hinweis, ohne dass es derjenige, der es gesagt hat, selber weiß, ihn zu dem führt, dass er hineinblicken kann in frühere Erdenleben. Da wird also zu einem äußeren Mittel Zuflucht genommen. Da hört der Betreffende einen Namen oder ein Zeitalter oder einen Volksnamen und wird wie von außen angeregt, in die früheren Erdeninkarnationen zurückzublicken. Solche Anregungen von außen sind zuweilen für die hellseherische Betrachtung der Welt außerordentlich wichtig. Man erlebt etwas scheinbar ganz Zufälliges, aber es strahlt davon aus eine Anregung für hellsichtige Kräfte, die man sonst nur rudimentär entwickelt hätte." [91]

---

[91] GA 140 „Okkulte Untersuchungen über das Leben zwischen Tod und neuer Geburt", Bergen, Vortrag vom 11. Oktober 1913.

Der Autor des vorliegenden Buches hat keineswegs ausreichende Kräfte entwickelt, die einen direkten Blick in sein früheres Leben ermöglichen würden. Dennoch darf er den Hinweis von außen, der in einer besonderen Situation und in unübersehbarer Weise auf ihn zukam, als ein analoges Erlebnis zu dem von Rudolf Steiner hier beschriebenen Vorgang betrachten. Es folgte kurz darauf dann auch noch die oben erwähnte Ergänzung von innen her mit den zehn Erinnerungen. In den folgenden Wochen und Monaten kamen weitere Bestätigungen hinzu und bis zum heutigen Tag ist kein einziges Ereignis eingetreten, das dazu in Widerspruch stünde.

Interessant ist in diesem Zusammenhang darüber hinaus, dass sich diese Enthüllung für den Autor gerade im Alter von 53 Jahren ergab und damit genau im fünften Jahr dieses Jahrsiebtes, welches in besonderer Weise mit dem Geistselbst zu tun hat, das unsere früheren Inkarnationen umfasst. [92]

Wer auf dem Weg der Geistesschülerschaft dahin gelangt, solche Erlebnisse wie die oben beschriebenen zu haben, sei jedoch ausdrücklich darauf aufmerksam gemacht, dass damit stets Prüfungen verbunden sind. Beim Autor begann dieser Prozess damit, dass er zunächst von innen her aufgefordert wurde, alle ihm gezeigten Erinnerungen, die mit seiner früheren Inkarnation in Verbindung stehen, aufzuschreiben, weil ihm bald von ahrimanischer Seite eingeredet würde, dass das alles nur eine Illusion sei. Wochen später fand diese angekündigte Prüfung tatsächlich stattfand. Nun konnte er sich mit Hilfe seiner Notizen alle Details wieder ins Bewusstsein rufen und dadurch der Versuchung widerstehen. Hierbei empfand es der Autor als außerordentlich hilfreich, dass er damals schon mehrfach die Mysteriendramen Rudolf Steiners gelesen und unter anderem jene Szene im 11. Bild von „Die Prüfung der Seele" verinnerlicht hatte, wo Maria die irreführende Behauptung

---

[92] Vgl. Abbildung 13, Seite 104.

Ahrimans widerlegt, dass ihr gerade erlebter Rückblick in ihr früheres Leben nur ein Wahn sei.[93]

Doch schon vor dieser ahrimanischen Prüfung war der Autor einer luziferischen ausgesetzt. Typischerweise kommen solche Prüfungen von innen. Es werden einem dann ein paar Erinnerungen recht lebendig ins Bewusstsein gestellt, mitunter solche, die man längst vergessen hatte, die aber als Beweis für den Zusammenhang mit einer angeblichen früheren Inkarnation dienen sollen. Wer bis dahin schon etwas das okkulte Hören entwickelt hat, oder es sich vielleicht als natürliche Anlage schon in das heutige Leben mitgebracht hat, was durchaus vorkommt, wird beobachten können, dass, nachdem sein Engel oder seine geistige Führung innerlich zu ihm gesprochen hat, unmittelbar und im selben „Wortklang" sich eine Versuchung anschließen kann, die sich von der ganzen Art her zunächst in keiner Weise von der vorherigen inneren Wahrnehmung unterscheiden lässt. Sie wird dadurch einen großen Eindruck hinterlassen! Die Versuchung kann zum Beispiel darin bestehen, dass man dazu verführt wird, zu glauben, man sei eine ganz bestimmte Person, vielleicht eine historische Persönlichkeit, die gewesen zu sein, einem schmeicheln würde.

Beim Autor geschah die luziferische Versuchung derart, dass ihm, kurz nach den oben erwähnten zehn Erinnerungen, von innen her noch drei weitere, aber ganz andersartige Erinnerungen in sein Bewusstsein gestellt wurden, darunter eine solche, die er völlig vergessen hatte, mit dem Hinweis darauf, dass er eine bestimmte Person gewesen sei, die zu Zeiten von Jesus Christus auf der Erde lebte und zwar in seinem näheren Umfeld. Das ließ dem Autor die Sache natürlich schon sehr fragwürdig erscheinen. Dennoch dauerte es ein paar Wochen, bis es ihm durch gründliche Untersuchung gelang, diese Täuschung vollständig zu durchschauen und so die Prüfung zu bestehen. Nach intensiver und längerer Suche konnte er im vorhandenen umfangreichen Erinnerungsschatz

---

93 Vgl. Seite 84.

weder weitere passende Erinnerungen noch gar einen „roten Faden" finden, der als Beleg dafür hätte dienen können, dass diese angebliche frühere Inkarnation ihre Spuren im heutigen Leben hinterlassen hat. Er lernte aber durch diese Prüfung, dass er beim okkulten Hören sich niemals auf den „Klang der Stimme" verlassen darf, noch beim inneren Schauen auf das erscheinende Bild.

Auch hier war es hilfreich, dass sich der Autor vorher mit den Mysteriendramen intensiv beschäftigt hatte und dadurch vorbereitet und gewarnt war. Niemand kann auf dem Weg der Geistesschülerschaft vorankommen, ohne nicht von Zeit zu Zeit solchen Prüfungen ausgesetzt zu sein. Sie sind ein unverzichtbarer Teil des Weges und dienen letztlich nur der Reifung und Weiterentwicklung des Prüflings.

Die Spiegelung der Sphäre des Geistselbstes im 8. Jahrsiebt hatte für den Autor jedoch noch eine ganz andere Auswirkung. Wenn wir uns nach dem Tode bis zur dieser Sphäre geweitet haben und uns ein gewisses Maß an Bewusstheit bewahren konnten, dann überschauen wir nicht nur unsere vergangenen Inkarnationen, sondern wir blicken auch von außerhalb des Tierkreises auf denselben und die in ihm enthaltenen Planetensphären. Dies ermöglichte dem Autor einen ihm vorher noch nicht möglich gewesenen Zugang zu Rudolf Steiners so schwer verständlichen und scheinbar widersprüchlichen Aussagen über die Lemniskatenbahnen der Planeten. Selbstverständlich sehen wir in der höheren geistigen Welt keine physischen Sterne oder Planetenkörper oder -bahnen, sondern nur geistige Wesenheiten und Kräfte. Aber der ins Erdenleben gespiegelte Nachklang solchen Erlebens bewirkte im Autor die Anregung, sich in seiner bildlichen Vorstellung aus dem Tierkreis heraus zu erheben und rein gedanklich von außen auf denselben und die in ihm sich bewegenden Planeten zu blicken. Auf diese Weise wurde es ihm möglich, schrittweise zu jenen Erkenntnissen und Anschauungen vorzudringen, die er schließlich in seinem Buch „Das Lemniskatenbahnensystem" veröffentlicht hat. Viele der darin enthaltenen Abbildungen sind genau aus der eben beschriebenen Perspektive gezeichnet worden.[94]

Das sind nur zwei Beispiele, wie sich die Spiegelung der Geistselbstsphäre im 8. Jahrsiebt eines Erdenlebens auswirken kann. Selbstverständlich werden hier die verschiedensten Varianten auftreten, stets in Abhängigkeit vom Bewusstseinsgrad, den jeder einzelne im Leben nach dem Tode in dieser Sphäre hatte. So kommt es zum Beispiel vor, dass sich manche Leute im 8. Jahrsiebt für das Mittelalter zu interessieren beginnen oder ihre Aufmerksamkeit durch äußere Umstände auf diese Zeit gelenkt wird, weil viele von uns eine vorherige Inkarnation im Mittelalter hatten. Es mag sein, dass jemand anfängt, historische Romane oder Biographien von Personen des Mittelalters zu lesen oder Gefallen daran findet, mittelalterliche Bauten zu besichtigen, vielleicht sogar eine Kathedrale betritt, in der er oder sie in der vorherigen Inkarnation schon einmal gewesen ist. Womöglich ist die Tatsache, dass es heute so viele Mittelaltervereine und -märkte gibt, ein Zeichen dafür, dass die Menschen allmählich beginnen, sich ihrer früheren Inkarnationen zu erinnern, wenn auch zunächst nur gefühlsmäßig und noch eher in ihrem Unterbewusstsein.

Des Weiteren gibt es Fälle, bei denen der nachtodliche Rückblick auf das vergangene Leben weniger eine Rolle spielt als das vorgeburtliche Erleben in der Geistselbstsphäre oder 5. Region der geistigen Welt beim Abstieg in das heutige Erdenleben. Nachdem wir die Mitte zwischen zwei Inkarnationen träumerisch oder gar schlafend durchlaufen haben, werden wir wieder wacher und wenden unsere Aufmerksamkeit fortan der Erde zu. Wir beginnen damit, von der höheren geistigen Welt aus auf unsere Ahnenreihe einzuwirken, damit wir

---

94 „Das Lemniskatenbahnensystem – Eine Erweiterung des kopernikanischen Weltbildes auf Grundlage von Aussagen und Skizzen Rudolf Steiners", Verlag Books on Demand (BoD), Norderstedt.

bei unserer nächsten Geburt jene Erbanlagen erhalten, die wir für unseren neuen physischen Leib benötigen.

„Lange bevor ein Mensch ins physische Dasein tritt, steht er schon in einer geheimnisvollen Verbindung mit der gesamten Ahnenreihe. Und warum in einer Vorfahrenreihe ganz bestimmte Eigenschaften auftreten, das rührt davon her, dass aus dieser Ahnenreihe – vielleicht erst nach Jahrhunderten – ein ganz bestimmter Mensch hervorgehen soll. Dieser Mensch, der da nach Jahrhunderten vielleicht aus einer Ahnenreihe hervorgehen soll, regelt von der geistigen Welt aus die Eigenschaften seiner Ahnen." [95]

Das geschieht beim vorgeburtlichen Abstieg von der 5. Region der geistigen Welt an. Wir bauen dann nach dem Vorbilde des Kosmos, gemeinsam mit höheren Wesenheiten, über längere Zeit das geistige Urbild unseres künftigen Hauptes auf.

„Das menschliche Haupt ist in seinem Bau ein so erhabenes Abbild des Universums, dass der Mensch selbst mit dem, was ihm einverwoben wird als Weisheit eines Lebens, es nicht bauen könnte, dass er es nicht vorbereiten könnte für die nächste Inkarnation; da müssen eben mitwirken alle Götterhierarchien. Das, was in Ihrem Haupte, in dieser nur von dem Hinterhaupt lose durchbrochenen Kugel, etwas umgeformten Kugel, vorhanden ist, das ist für sich noch ein wirklicher Mikrokosmos, ein wirklicher Abdruck der großen Weltenkugel. Darinnen lebt alles, was draußen im Universum lebt, zusammen, da wirkt alles zusammen, was in den verschiedenen Hierarchien tätig sein kann. Indem wir anfangen zu bauen aus unserer in der Ermüdung angesammelten Weisheit an unserer nächsten Inkarnation, greifen in diese Tätigkeit ein alle Hierarchien, um dasjenige, was dann unser Haupt wird, als Abdruck aller Götterweisheiten uns einzuverleiben.

---

[95] GA 141 „Das Leben zwischen Tod und neuer Geburt im Verhältnis zu den kosmischen Tatsachen", Berlin, Vortrag vom 11. Februar 1913.

Während das alles geschieht, bereitet sich auf der Erde durch Generationen hindurch dasjenige vor, was unsere physische Vererbungslinie ist. Geradeso wie wir nur dasjenige, was von der Erde kommt, der Erde übergeben nach unserem Tode, so bekommen wir von Eltern, Voreltern nur dasjenige, was irdisch ist an uns. Und dasjenige, was irdisch ist an uns, das ist eben nur das Äußere, ist eben nur der äußere Ausdruck in diesem Irdischen." [96]

Wir selbst arbeiten mit am geistigen Urbild und den physischen Erbanlagen unseres künftigen Leibes, in den wir als seelisch-geistiges Wesen nach der Empfängnis einziehen. Das Wissen von dieser vorgeburtlichen Tätigkeit bleibt den meisten Menschen in ihrem Unterbewusstsein verborgen. Ab dem Alter von 49 Jahren, wenn sich die Erlebnisse aus der Geistselbstsphäre im Erdenleben zu spiegeln beginnen, dringt es aber gelegentlich in Form einer unklaren Ahnung in das Oberbewusstsein hinauf und äußert sich dann häufig in einem zunehmenden Interesse für die eigenen Vorfahren. Manche Leute betreiben in den Folgejahren eine regelrechte Ahnenforschung, ohne von den tieferen Impulsen ihres Interesses zu wissen.

Ein Beispiel anderer Art liefert uns in diesem Zusammenhang Rudolf Steiners Beschreibung seines Zeitgenossen Hermann Bahr, eines österreichischen Schriftstellers der von 1863 bis 1934 lebte. Wenngleich er zu Rudolf Steiners Lebzeiten den Zugang zur Geisteswissenschaft nicht finden konnte, so drang er doch als ein Mensch, der sein ganzes Leben hin entwicklungsfähig blieb und ein Sucher nach dem Geiste war, im Verlaufe seiner Beschäftigung mit der Kunstrichtung des Expressionismus immerhin zu der Erkenntnis vor, dass es ein geistiges, inneres Schauen geben muss. Diese Einsicht wiederum eröffnete ihm die Möglichkeit, auf einmal Goethe besser zu verstehen. Das geschah gerade in seinem 53. Lebensjahr. Erst als sich der Einfluss des Geistselbstes aus

---

[96] GA 168 „Die Verbindung zwischen Lebenden und Toten", Leipzig, Vortrag vom 22. Februar 1916.

der höheren geistigen Welt im Verlauf des 8. Jahrsiebts bis zu dessen fünftem Jahr hin genügend gesteigert hatte, gelang Hermann Bahr sein erster, zarter Durchbruch zum Geiste. Rudolf Steiner erwähnte hierzu folgendes:

„Heute ist man bloß bei einem Tasten, und ich habe Sie in einer der letzten Betrachtungen aufmerksam gemacht darauf, wie ein Mensch wie Hermann Bahr, mit dem ich in der Jugend vielfach zusammen war, jetzt, nachdem er d r e i u n d f ü n f z i g Jahre alt geworden ist und so viele Schriften geschrieben hat, auf der einen Seite in Goethe tappend, tastend sucht und gesteht, dass er jetzt erst anfängt, an Goethe heranzukommen, und auf der anderen Seite anfängt etwas davon zu begreifen, dass es noch so etwas wie eine Geisteswissenschaft neben den äußeren Wissenschaften gibt.“ [97]

Was für ein schönes Beispiel anderer Art für den Einfluss der Geistselbstsphäre auf den irdischen Lebenslauf.

Das 9. Jahrsiebt und die Sphäre der Keimhülle des Lebensgeistes (Alter: 56 – 63 Jahre)

Mit dem Einzug in die höhere geistige Welt im Leben nach dem Tode beginnt auch bei jenen, die sich bis dahin ihr Bewusstsein aufrecht erhalten konnten, eine langsam einsetzende Abdämmerung desselben, denn von da an müssen die Kräfte des ferneren Kosmos, die wir benötigen, um einen gesunden neuen irdischen Leib aufbauen zu können, ungestört in uns einströmen können.

---

[97] GA 169 „Weltwesen und Ichheit", Berlin, Vorträge vom 20. Juni und 6. Juni 1916.

„Und immer weiter kommen wir in den Weltenraum, in immer dauernder Vergrößerung. Es tritt nun in der Tat, wenn wir uns so über die Saturnsphäre hinausbewegen, etwas ein, was unseren Bewusstseinszustand etwas ändert. Wir geraten gleichsam in eine Art von kosmischer Dämmerung – man kann nicht sagen kosmischen Schlafes, aber kosmischer Dämmerung. Dadurch können aber gerade erst recht die Kräfte des gesamten Weltalls auf uns hereinwirken. Von allen Seiten wirken dann die Kräfte auf uns, und wir nehmen Kräfte des ganzen Kosmos in uns auf. Es gibt also, indem wir uns da hinausgedehnt haben, eine Zeit zwischen dem Tod und einer neuen Geburt, wo in unser Wesen wie von allen Seiten die Kräfte des ganzen Kosmos hereinkommen, wie von allen Sternen die Kräfte hereinkommen in unser Wesen." [98]

Es gibt jedoch auch Menschenseelen, die dieser Abdämmerung des Bewusstseins in der höheren geistigen Welt nicht unterworfen sind. Das sind Geistesschüler, die bereits eine Einweihungsstufe erlangt haben. Rudolf Steiner hob diesbezüglich ausdrücklich hervor:

„Es tritt unter allen Umständen – w e n n n i c h t i m L e b e n v o r h e r e i n e I n i t i a t i o n e i n g e t r e t e n i s t – eine Herabdämmerung des Bewusstseins ein." [99]

Jede Initiation, auch eine Selbstinitiation niedrigen Grades durch Meditation und Konzentration, bewirkt Veränderungen nicht nur im Astralleib, sondern darüber hinaus im Ätherleib. Viele Menschen der heutigen Zeit arbeiten bereits an der Umwandlung ihres Astralleibes zum Geistselbst, indem ihr Ich um die Herrschaft über die Emotionen und Begierden ringt, sodass man nicht länger Getriebener des eigenen Seelenlebens ist, sondern dasselbe zu regulieren lernt. Das Ich wird zum Lenker der Seele. Durch seine Fähigkeit, die Seele zur Ruhe zu bringen, wird es ihm in der Meditation möglich, übersinnliche Wahrnehmungen

---

[98] GA 140 „Okkulte Untersuchungen über das Leben zwischen Tod und neuer Geburt", München, Vortrag vom 26. November 1912.

[99] Ibidem, Mailand, Vortrag vom 27. Oktober 1912.

zu haben. Der Geist kann sich dann in der Seele spiegeln wie das Licht des Mondes auf einer stillen Wasseroberfläche. Auch außerhalb der Meditationszeiten wird die Seele dann allmählich empfänglicher für Eingebungen aus höheren Welten.

Hegen wir in unserer Seele tief empfundene religiöse Gefühle, wirken diese nicht nur auf unseren Astralleib, sondern dringen bis hinunter in unseren Ätherleib. Dort regen sie seine Umwandlung zum Lebensgeist an. In vollbewusster Weise geschieht das im Verlaufe der Geistesschülerschaft. Der Schüler muss sich hierfür die Fähigkeit erarbeiten, seine im Ätherleib wurzelnden Gewohnheiten und Charaktereigenschaften zu verändern. Auch das Gewissen erfährt dadurch eine Intensivierung.

„Ein mächtiges Mittel zur Läuterung und Veredelung des Ätherleibes ist die Religion. Die religiösen Impulse haben dadurch ihre großartige Mission in der Menschheitsentwickelung. Das, was man Gewissen nennt, ist nichts anderes als das Ergebnis der Arbeit des Ich an dem Lebensleib durch eine Reihe von Verkörperungen hindurch. Wenn der Mensch einsieht, dass er dies oder jenes nicht tun soll, und wenn durch diese Einsicht ein so starker Eindruck auf ihn gemacht wird, dass sich dieser bis in seinen Ätherleib fortpflanzt, so entsteht eben das Gewissen." [100]

Durch die Arbeit am Äther- oder Lebensleib erwirbt sich der Geistesschüler bereits im Erdenleben eine Verwandtschaft mit der 6. Region der geistigen Welt oder der Sphäre der Keimhülle des Lebensgeistes. Sein Bewusstsein braucht dann im Leben nach dem Tode nicht mehr so stark abgedämmert zu werden, weil es den Zustrom der Kräfte aus dem Geistkosmos nicht mehr so sehr behindern kann, wie es der Fall ist, wenn im vorangegangenen Erdenleben noch nicht bewusst an der Umwandlung des Lebensleibes zum Lebensgeist gearbeitet wurde.

---

[100] GA 34 „Lucifer-Gnosis 1903 – 1908", Aufsatz „Die Erziehung des Kindes vom Gesichtspunkte der Geisteswissenschaft"

Das religiöse Empfinden spielte bereits in der Jupitersphäre oder der 2. Region der geistigen Welt eine Rolle. Sie ist das niedere Gegenstück zur 6. Region. Ebenso ist die 1. Region das niedere Gegenstück ist zur 7. Region und die 3. Region zur 5. Region. In Abbildung 15 sind diese gegenseitigen Beziehungen durch doppelspitzige Pfeile angedeutet.

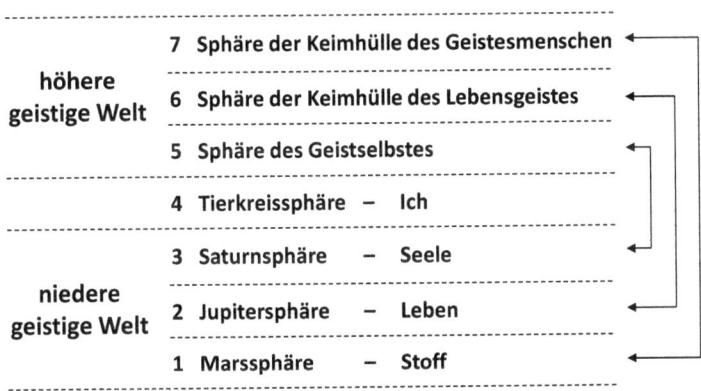

Abbildung 15: Die sieben Regionen der geistigen Welt und ihre gegenseitigen Beziehungen

Die drei höchsten Wesensglieder, das Geistselbst, der Lebensgeist und der Geistesmensch, sind Repräsentanten der göttlichen Trinität im Menschen. Das Geistselbst (Manas) ist Ausdruck des Heiligen Geistes, der Lebensgeist (Budhi oder Buddhi) ist Ausdruck des Sohnes und der Geistesmensch (Atma) ist Ausdruck des Vaters.

Der Sohn sagte durch Jesus Christus über sich selbst: „Ich bin der Weg, die Wahrheit und d a s   L e b e n" (Joh. 14:6). Er ist der Geist des Lebens oder der Lebensgeist. Dieser äußert sich in der Natur in Rhythmen von Auf- und Abbau, von Ausdehnung und Zusammenziehung, von Aufsteigen und Absteigen. Hierzu zählen nicht nur der Tagesrhythmus mit dem Auf- und Absteigen der Sonne, dem Heller- und Dunklerwerden, oder der Jahresrhythmus im Vegetationsleben der Erde mit seinem Wechsel von Wärme und Kälte, seinem Aufblühen und Verwelken, letztlich dem Zusammenziehen der Pflanzenkräfte in kleine Samenkörner, sondern auch die großen Rhythmen wie zum Beispiel der sich über viele Jahrhunderte erstreckende Kreislauf des Menschen durch höhere Welten zwischen dem Tode und einer neuen Geburt, der Inkarnationskreislauf mit seinem Rhythmus von Ausdehnung des seelisch-geistigen Menschenwesens bis in die Weiten des Kosmos hinaus und seinem anschließendem Zusammenziehen bis zum Einzug in einen winzigen leiblichen Keim im Schoß der künftigen Mutter.

Wenn sich im 9. Jahrsiebt, das heißt im Alter von 56 bis 63 Jahren, die vorgeburtlichen Erlebnisse aus der Sphäre der Keimhülle des Lebensgeistes im Erdenleben widerspiegeln, kann in jenen Menschen, die einen Nachklang davon in sich verspüren, das Interesse für die einzelnen Entwicklungsschritte zwischen den Inkarnationen und somit für den vollständigen menschlichen Inkarnationskreislauf angeregt werden.

Solches durfte der Autor erleben. Im vorangegangenen 8. Jahrsiebt hatte er noch recht wenig Interesse für das Dasein zwischen zwei Inkarnationen. Da stand noch ganz die Frage nach der vorherigen Verkörperung im Mittelpunkt seines Seelenlebens. Erst mit dem Übergang in das 9. Jahrsiebt im 56. Lebensjahr änderte sich das. Allmählich erwachte in ihm das Interesse für sein Dasein in den höheren Welten z w i s c h e n seiner letzten Inkarnation und dem jetzigen Erdenleben, somit für den gesamten Inkarnationskreislauf.

Getragen von dieser andersartigen Grundstimmung im neuen Jahrsiebt gelang es dem Autor durch meditative Betrachtung der Wochensprüche des anthroposophischen Seelenkalenders, zur Erkenntnis ihres Zusammenhanges mit den einzelnen Etappen des menschlichen Inkarnationskreislaufes vorzudringen, ja dass dieser tatsächlich das geistige Urbild ist, das dem Seelenkalender zugrunde liegt, angelehnt an die sich von Woche zu Woche verändernden Stimmungen in der Natur.

In der zweiten Hälfte des 9. Jahrsiebtes waren seine Erkenntnisse schließlich soweit gereift, dass er sie schriftlich niederlegen konnte.

Im Jahrsiebt zuvor war ihm das noch nicht möglich gewesen. Damals fehlte ihm in seiner Seele noch der Einfluss des vorgeburtlichen Daseins in der Sphäre der Keimhülle des Lebensgeistes, der sich eben erst im 9. Jahrsiebt des irdischen Lebenslaufes einstellt.

Durch gewisse äußere Umstände verzögerte sich die Veröffentlichung des Buches „Der anthroposophische Seelenkalender und der Inkarnationskreislauf des Menschen" bis zum 6. Jahr des 9. Jahrsiebts und damit, ohne besondere Absicht des Autors, genau bis zu jenem Jahr, das in allen Jahrsiebten eine besondere Beziehung zum sechsten Wesensglied des Menschen, dem Lebensgeist hat. In Abbildung 13 auf Seite 104 wurde das bereits schematisch dargestellt.

Auch das hier jetzt vorliegende Buch „Spiegelungen des vorgeburtlichen Daseins des Menschen in den Jahrsiebten des Erdenlebens" hätte der Autor vor seinem 9. Jahrsiebt nicht schreiben können. Dazu war ebenfalls eine Anregung aus der sechsten Region der geistigen Welt, der Sphäre der Keimhülle des Lebensgeistes erforderlich.

So zeigt sich, dass die einzelnen Jahrsiebte des Erdenlebens uns den Zugang zu Erkenntnissen ganz unterschiedlicher Art ermöglichen. Von außen betrachtet sind zwar nur die ersten drei Jahrsiebte deutlich voneinander verschieden, da sie mit starken körperlichen Veränderungen in der Kindheit und Jugend einhergehen. Doch alle folgenden Jahrsiebte zeigen ebenfalls Unterschiede, obgleich diese nach außen hin weniger auffällig sind, weil sich die entsprechenden Vorgänge innerlich, im Seelenleben der Menschen abspielen. Rudolf Steiners Worte zur Ich-Entwicklung des Menschen finden hier ihre volle Bestätigung:

„Wenn wir einen einzelnen Menschen betrachten, so wissen wir, dass seine Ich-Entwickelung erst langsam und allmählich stattfindet. Gewiss, im zarten Kindesalter, von dem Zeitpunkt an, bis zu dem man sich zurückerinnert, beginnt das Bewusstsein des Ich. Aber dieses Ich wird ja immer reifer und reifer, schreitet fort in seiner Entwickelung. In unserer Zeit herrschen in Bezug auf diese Ich-Entwickelung schon ziemlich große

Irrtümer. Es herrscht viel zu wenig Bewusstsein davon, dass eine solche Ich-Entwickelung im Leben stattfindet. Und so kann man es erleben, dass heute die Menschen in grünster Jugend sich reif finden, alles zu beurteilen, weil sie nicht wissen, dass erst ein bestimmtes Alter erreicht werden muss, um bestimmte Dinge zu beurteilen, weil das Ich erst dadurch eine bestimmte Reife erreicht hat." [101]

Von großer Bedeutung ist hierfür zum einen, sich seine Entwicklungsfähigkeit auch mit zunehmendem Alter zu bewahren. Zum anderen spielt eine große Rolle, mit welchem Grad an Bewusstheit unser Durchgang durch die höheren Welten zwischen unserem letzten Tode und der neuen Geburt erfolgt ist. Je geringer dieser Grad, je dumpfer das Bewusstsein war, umso mehr findet die Spiegelung der Sphärenerlebnisse nur im Unterbewusstsein statt. Die dadurch bewirkten Unterschiede zwischen den Jahrsiebten dringen dann nur spärlich ins Bewusstsein hinauf. Man kann darauf jedoch förderlich einwirken, indem man den eigenen Lebenslauf genauer darauf hin untersucht, wie sich die Interessensschwerpunkte und die seelische Grundstimmung von Jahrsiebt zu Jahrsiebt verändert haben, auch wie gewisse Fragen im Seelenleben zu bestimmten Zeiten in den Vordergrund getreten sind.

Eine natürliche Verbindung mit der Sphäre der Keimhülle des Lebensgeistes erlangten wohl noch die alten Mongolen. In seinen Aussagen zum Jüngerwerden der Menschheit erwähnt Rudolf Steiner zwar nur die nachatlantischen Kulturen.[102] Lässt man aber seine Beschreibung der Mongolen des letzten Zeitalters der Atlantischen Epoche, vor der großen Flutkatastrophe, auf sich wirken, so erhält man den Eindruck, dass ihre seelisch-geistige Reifung sich noch sieben Jahre weiter als jene der nachatlantischen Urinder erstreckte, und zwar bis zum Alter von 56 bis 63 Jahren, bis zum 9. Jahrsiebt.

---

[101] GA 159 „Das Geheimnis des Todes", Nürnberg, Vortrag vom 14. März 1915.
[102] Vgl. Seite 70 f.

Wie bei allen Atlantiern spielte bei den alten Mongolen die Erinnerung an die Taten und die Reihe ihrer Vorfahren eine herausragende Rolle. Entsprechend gab es bei allen atlantischen Völkerschaften einen ausgeprägten Ahnenkult. Es scheint aber auch, dass die Mongolen im Alter speziell für den Einfluss aus der Sphäre der Keimhülle des Lebensgeistes empfänglich wurden, denn sie verehrten die Lebenskraft als ihre wichtigste göttliche Kraft. Vermutlich reiften sie noch auf ganz natürliche Weise bis in die Jahre des 9. Jahrsiebtes. Rudolf Steiner teilte uns über sie mit:

„Dem Sinn für die Erinnerung blieben sie treu. Und so gelangten sie zu der Überzeugung, dass das Älteste auch das Klügste sei, das, was sich am besten vor der Denkkraft verteidigen kann. Die Beherrschung der Lebenskräfte ging zwar auch ihnen verloren; aber was sich in ihnen an Gedankenkraft entwickelte, das hatte selbst etwas von dem Naturgewaltigen dieser Lebenskraft. Zwar hatten sie die Macht über das Leben verloren, niemals aber den unmittelbaren naiven Glauben an dasselbe. Ihnen war diese Kraft zu ihrem Gotte geworden, in dessen Auftrage sie alles taten, was sie für richtig hielten. So erschienen sie ihren Nachbarvölkern wie von dieser geheimen Kraft besessen und ergaben sich ihr selbst auch in blindem Vertrauen. Ihre Nachkommen in Asien und einigen europäischen Gegenden zeigten und zeigen noch viel von dieser Eigenart." [103]

Hierin liegt also der Grund, weshalb die heutigen Mongolen und Chinesen noch immer ein so großes Augenmerk auf die Lebenskraft legen. Sie nennen sie heute Chi oder Qi (gesprochen: Tschi) und betreiben oft in großen Gruppen in der Öffentlichkeit gemeinsam die Bewegungskunst des Tai-Chi, um Blockaden im Körper zu lösen, damit die Lebensenergie wieder frei fließen kann. In der chinesischen Medizin sorgen sie durch Akupunktur oder Moxibustion[104] dafür, dass das Chi in den

---

[103] GA 11 „Aus der Akasha-Chronik", Kapitel „Unsere atlantischen Vorfahren".
[104] Die Erwärmung bestimmter Punkte am Körper.

Meridianen, den energetischen Strömungsbahnen des Körpers, wieder frei fließen kann.

Zur Zeit der mongolischen Unterrasse der alten Atlantis wanderte der Frühlingspunkt durch den Tierkreisbereich des Löwen. In ihm herrscht die Sonne, die allen Geschöpfen der Erde das Leben schenkt. Sie ist der physische Ausdruck des Lebensgeistes am Himmel. Zwar konnten die Mongolen die Sonne nicht so hellstrahlend erleben, wie wir heute, weil damals der Himmel noch fast ständig bewölkt war und das Sonnenlicht nur schemenhaft durch die dichten Wolken hindurch drang. Erst mit der großen Flutkatastrophe oder der Eiszeit am Ende der Atlantischen Epoche regnete und schneite sich die dichte Wolkendecke allmählich in die Ozeanbecken und auf die Kontinente ab, sodass die ersten Wolkenlöcher gelegentlich einen freien Blick auf den blauen Himmel zuließen.

Anstelle der physischen Lichtstrahlen nahmen die spätatlantischen Mongolen aber vermittels ihres alten Hellsehens die Lebensstrahlen der Sonne wahr, ihre ätherischen Ausstrahlungen, die Träger der Lebenskraft sind, welche sie als göttliche Kraft verehrten.

Das 10. Jahrsiebt und die Sphäre der Keimhülle des Geistesmenschen (Alter: 63 – 70 Jahre)

Mit dem 63. Geburtstag beginnt jenes Jahrsiebt im Erdenleben, in dem sich die siebente und höchste Region der geistigen Welt widerspiegelt. Im Dasein zwischen zwei Inkarnationen kann diese hohe Sphäre vollbewusst nur von den Meistern durchlebt werden. Sie finden hier die geistige Keimhülle des Geistesmenschen oder Atma, des siebten und höchsten Wesensgliedes des Menschen, das seine eigentliche Heimat auf dem atmischen Plan hat, der göttlichen Welt des Vaters. Von dort aus, von oberhalb des Budhiplans oder der Welt des Sohnes, wirkt er in die höchste Sphäre der geistigen Welt hinein.

Wenn der Mensch einmal gelernt haben wird, wenigstens einen Teil seines physischen Leibes durch bewusste geistige Tätigkeit in Atma, den Geistesmenschen, oder besser gesagt in eine Vorstufe desselben umzuwandeln, soweit das im Verlaufe der Erdevolution überhaupt schon möglich ist, wird er die Stufe eines Meisters erreichen und vollbewusst die höchste Region der geistigen Welt durchleben können. Bis dahin bleiben diese Erlebnisse in seinem Unterbewusstsein oder gänzlich im Unbewussten verborgen und üben dort ihre Wirkungen aus, wie Rudolf Steiner erläuterte:

„Ist der Mensch an der Grenze der drei Welten, so erkennt er sich somit in seinem eigenen Lebenskern. Das bringt mit sich, dass die Rätsel dieser drei Welten für ihn gelöst sein müssen. Er überschaut also das ganze Leben dieser Welten. Im physischen Leben sind die Fähigkeiten der Seele, durch welche sie die hier geschilderten Erlebnisse in der geistigen Welt hat, unter den gewöhnlichen Lebensverhältnissen nicht bewusst. Sie arbeiten in ihren unbewussten Tiefen an den leiblichen Organen, welche das Bewusstsein der physischen Welt zustande bringen." [105]

Die „drei Welten", von denen Rudolf Steiner hier spricht, sind die physische Welt, die Seelenwelt und die geistige Welt. Innerhalb derselben entwickeln die Menschen ein Bewusstsein von sich selbst, ein Ich-Bewusstsein. Bislang ist das den allermeisten Menschen nur innerhalb des Wachzustandes in der physischen Welt möglich. Sobald mit dem Einschlafen der Astralleib und das Ich ihre Verbindung mit dem Ätherleib und physischen Leib zu lockern beginnen, geraten wir in einen Traumzustand und versinken schließlich in den uns gänzlich unbewussten Tiefschlaf. Doch im Verlauf der künftigen Inkarnationen auf der Erde

---

[105] GA 9 „Theosophie", Kapitel „Der Geist im Geisterland nach dem Tode".

werden wir allmählich die Fähigkeit erlangen, auch im außerkörperlichen Dasein während des Traum- und Schlafzustandes unser Ich-Bewusstsein aufrecht zu erhalten und vollbewusst handeln zu können. Wir sind eben in Wirklichkeit kosmische Geistwesen, und die Anthroposophie hat die Aufgabe, uns diese Tatsache voll und ganz zu Bewusstsein zu bringen. Deshalb beginnt Rudolf Steiner den ersten seiner „Leitsätze" mit den Worten: *„Anthroposophie ist ein Erkenntnisweg, der das Geistige im Menschenwesen zum Geistigen im Weltenall führen möchte."* [106]

Im Gegensatz zu den Tieren, die auf der Erde vor allem instinktgetrieben leben, als ihrer selbst nicht bewusste S e e l e n -Wesen, welche die weitaus meiste Zeit des Tages verträumen und verschlafen, erlebt sich der Mensch für gut zwei Drittel des vierundzwanzigstündigen Tages als ein waches, von sich selbst wissendes G e i s t -Wesen. Er ist der Repräsentant der geistigen Welt auf der Erde. Entsprechend steht sein Erdenleben in erster Linie unter dem Einfluss seiner vorgeburtlichen Erlebnisse in der geistigen Welt.

Unsere Kindheit und Jugend wird noch überwiegend von den vorgeburtlichen Erlebnissen in der höheren Seelenwelt geprägt. Sobald wir aber zu einem für unser Handeln voll verantwortlichen Erwachsenen herangereift sind, kommen wir unter den direkten Einfluss der geistigen Welt. Daher gliedert sich die Zeit vom 21. bis zum 70. Lebensjahr in genau sieben Jahrsiebte, entsprechend den sieben Regionen oder Sphären der geistigen Welt. Abbildung 16 zeigt, wie sich diese Sphären, von der Marssphäre an bis zur Sphäre der Keimhülle des Geistesmenschen, genau in jenen Jahrsiebten widerspiegeln, in denen wir als Erwachsene unsere hauptsächliche Tätigkeitszeit verbringen.

Zwischen dem Alter von 63 und 70 Jahren beenden die meisten Leute ihr Berufsleben. Damit enden für sie die Jahre der „Pflicht" und eine Zeit freieren und unabhängigeren Lebens beginnt. Manche üben für einige

---

[106] GA 26 „Anthroposophische Leitsätze"

Zeit zunächst noch eine Halbtagsbeschäftigung aus, um den Übergang in den Ruhestand weniger abrupt zu gestalten. Danach obliegt es jedem einzelnen, was er oder sie aus dem folgenden Lebensabschnitt macht, ob die freie Zeit zur geistigen Weiterentwicklung genutzt wird oder man nur dem Vergnügen frönt und sich die Zeit mit Belanglosigkeiten vertreibt.

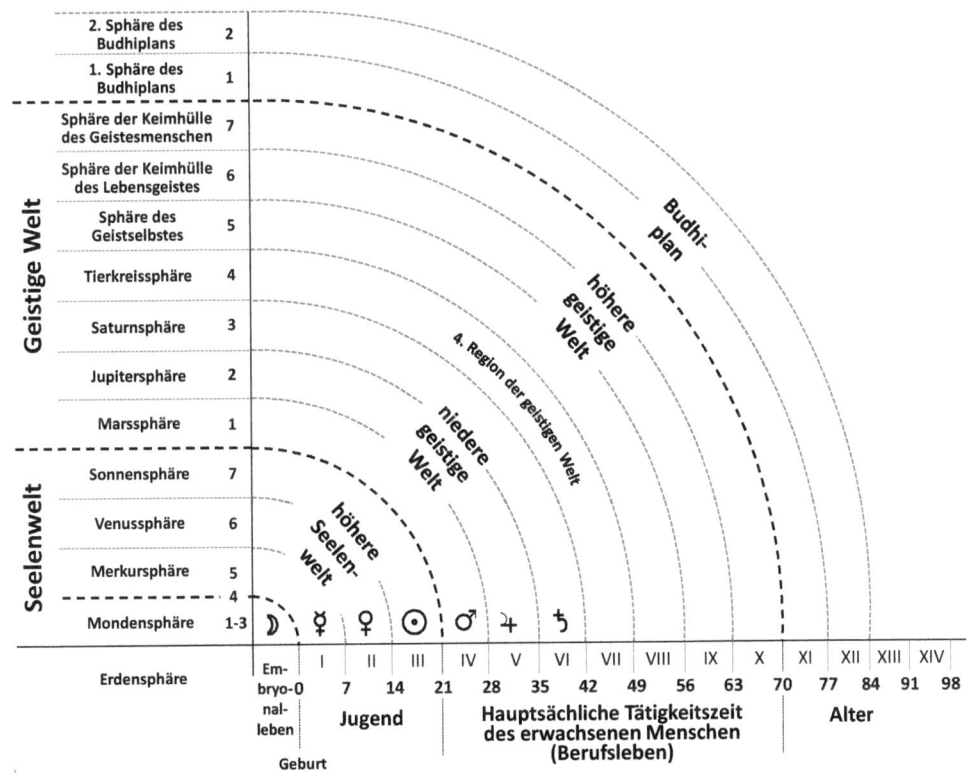

Abbildung 16:
Übersicht zur Spiegelung des vorgeburtlichen Daseins
in den Jahrsiebten des Erdenlebens

An dieser Stelle möchte der Autor von einem Erlebnis berichten, das ihm zuteil wurde, als er das vorliegende Buch bereits zu Ende geschrieben hatte. Die obige Abbildung war schon mehrere Wochen vorher fertiggestellt. Lediglich das Korrekturlesen und die abschließende Formatierung für den Buchdruck standen noch an. Da ergab es sich Mitte Juni 2022, dass der Rudolf Steiner Verlag per E-Mail auf die Herausgabe der wunderbaren, großen Bildbiographie „Rudolf Steiner (1861 – 1925)" aufmerksam machte. Das Buch umfasst ca. 500 Seiten. Als der Autor, nach Erhalt des Buches, willkürlich einen neugierigen Blick in den hinteren Teil des Buches warf, schlug er „zufällig" die Seite 423 auf. Dort erblickte er zu seiner Überraschung eine Notizbucheintragung Rudolf Steiners aus dem Frühjahr 1924, in der dieser seinen eigenen Lebenslauf in Jahrsiebte unterteilte.

Rudolf Steiner hat zu seinem aktuellen Alter „63: Vater 1924" notiert. In die Zeile darüber hat er „63 – 56: Sonnengeist 1917" geschrieben und so weiter, rückwärts blickend, jedem Jahrsiebt eine der sieben antiken Einweihungsstufen zuordnend, bis zum Eintrag „28 – 21: Rabe". Was unter diesen Einweihungsgraden zu verstehen ist, erklärte Rudolf Steiner in einem Vortrag:

„Erster Grad: der Rabe. Er bezeichnet den, der sich an der Schwelle befindet. Der Rabe erscheint in allen Mythologien. In der Edda flüstert er in das Ohr Wotans, was er in der Ferne sieht.

Zweiter Grad: der Geheimschüler oder Okkultist.

Dritter Grad: der Krieger (Kampf, Streit).

Vierter Grad: der Löwe (Stärke).

Fünfter Grad: der Initiierte trägt den Namen des Volkes, dem er angehört: Perser oder Grieche, weil seine Seele auf sein ganzes Volk sich ausgedehnt hat.

Sechster Grad: Sonnenheld oder Sonnenläufer, weil sein Lauf ebenso harmonisch, ebenso rhythmisch geworden ist wie der Lauf der Sonne. Die

Sonne repräsentierte die rhythmische, lebendige Bewegung des Planeten-systems. [...]

Siebenter Grad: der Vater, weil er nun fähig geworden ist, Schüler heran-zuziehen und der Beschützer aller Menschen zu sein; und weil er der Vater des neuen Menschen ist, zum zweiten Mal geboren in der erweckten Seele." [107]

Jeder dieser Einweihungsgrade entspricht einer der sieben Regionen der geistigen Welt. Rudolf Steiners Zuordnung der Einweihungsgrade zu den sieben Jahrsiebten vor dem 70. Lebensjahr ist folglich eine klare Bestätigung der Darstellung in Abbildung 16 (Seite 135). Die betreffen-de Notizbucheintragung Rudolf Steiners war dem Autor vorher nicht bekannt. So empfand er als eine glückliche Fügung und überraschende Bestätigung seiner eigenen Erkenntnisse, als ihm unmittelbar nachdem er das vorliegende Buch fertig geschrieben hatte, diese Information zu-gänglich gemacht wurde und zwar gerade noch rechtzeitig, dass er vor Drucklegung des Buches einen kurzen Bericht darüber einfügen konnte.

Erst im Alter von 21 bis 28 Jahren eröffnet sich uns der direkte Zugang zur geistigen Welt, und zwar zunächst zu dessen 1. Region, der Marssphäre. Mit ihr verbindet Rudolf Steiner den Einweihungsgrad des Raben. Er war in den alten Mysterienschulen für den Kontakt mit der physischen Außenwelt zuständig.

Im Alter von 28 bis 35 Jahren werden wir empfänglich für Einflüsse aus der 2. Region der geistigen Welt, der Jupitersphäre. Sie steht mit dem religiösen Empfinden in Verbindung, wobei hierunter die wahre spirituelle Religiosität zu verstehen ist. Der Geistesschüler vertieft sich in das Studium der esoterischen Lehren. In unserer Zeit sind es jene des esoterischen Christentums sowie der damit zusammenhängenden Kos-mologie. Der entsprechende antike Einweihungsgrad war der des Studenten der okkulten Lehren, eben des Okkultisten.

---

[107] GA 94 „Kosmogonie", Paris, Vortrag vom 30. Mai 1906.

Wenn wir im Alter von 35 bis 42 Jahren empfänglich für die Saturnsphäre werden, empfinden wir den inneren Impuls zur äußeren Tätigkeit. Wir wollen für unsere spirituellen Ideale in der Außenwelt eintreten, sie in äußere Taten umsetzen. Das entspricht dem Einweihungsgrad des Kriegers.

Mit 42 bis 49 Jahren sind wir gefordert, ganz auf eigenen Beinen zu stehen. Wir müssen innere Stärke beweisen. Es ist der Grad des Löwen. Er steht in Beziehung zur Tierkreissphäre, der vierten und mittleren Region der geistigen Welt.

Die nächsten drei Jahrsiebte gewähren uns Zugang zu den drei Regionen der höheren geistigen Welt. In ihnen kommen die drei göttlichen Personen zum Ausdruck: der Heilige Geist, in der fünften Region, der Sohn in der sechsten und der Vater in der siebenten Region.

Die Region des Heiligen Geistes ist zugleich die Sphäre des Geistselbstes. Im Alter von 49 bis 56 Jahren, im 8. Jahrsiebt, sind wir für sie besonders empfänglich. Dann kann uns Einblick in unsere vergangenen Inkarnationen gewährt werden. Wir identifizieren uns danach nicht mehr nur mit unserem gegenwärtigen Ich, sondern ebenso mit einem weiteren, vielleicht sogar mit drei oder noch mehr vergangenen Ichen. Für fortgeschrittenere Geistesschüler besteht hier die Möglichkeit, sich mit allen Angehörigen des eigenen Volkes zu identifizieren. Dann trägt der Eingeweihte den Namen seines Volkes.

Der sechste Grad ist der Sohn, Sonnenheld oder Sonnenläufer. Es ist die Einweihungsstufe der sechsten Region der geistigen Welt, der Sphäre der Keimhülle des Lebensgeistes. Hier erlangen wir das Verständnis für die Lebensrhythmen. Rudolf Steiner hat sie dem Alter von 56 bis 63 Jahren, dem 9. Jahrsiebt, zugeordnet.

Und wer den Grad des Vaters erreicht, der hat Zugang zur siebenten und höchsten Region der geistigen Welt erlangt. Sie steht in Beziehung zum Alter von 63 bis 70 Jahren oder dem 10. Jahrsiebt.

So findet die Darstellung des Autors in Abbildung 16 (Seite 135) ihre ausdrückliche Bestätigung durch die Notizbucheintragung Rudolf Steiners.

Wir verstehen nun, dass dasjenige, was der Menschheit durch das „Jüngerwerden" über die verschiedenen Zeitalter hinweg Jahrsieb für Jahrsieb verloren ging, innerhalb der alten Mysterien durch Schulung und besondere Einweihungen wieder errungen werden konnte.

Wer heutzutage bis in das 10. Jahrsieb hinein weiter reifen möchte, muss das ganze Leben hindurch geistig aktiv bleiben und sich mit spirituellen Themen beschäftigen, wie sie uns in hervorragender Weise gerade durch die Anthroposophie geboten werden.

Die Betrachtungen im vorangehenden Kapitel haben ergeben, dass sich die von Rudolf Steiner beschriebenen Aussagen über das „Jüngerwerden" der Menschheit bis in das letzte atlantische Zeitalter der Mongolen zurück ausdehnen lassen. Wenn nun die spätatlantischen Mongolen bis zum Alter von 56 bis 63 Jahren seelisch-geistig reiften und dadurch empfänglich wurden für die Einflüsse aus der sechsten Region der geistigen Welt, der Sphäre der Keimhülle des Lebensgeistes, sodass ihnen die Lebenskraft das höchste göttliche Prinzip war, das sie verehrten, sollten wir da nicht annehmen dürfen, dass im davor liegenden Zeitalter die Akkadier, die zweitletzte Unterrasse der Atlantier, womöglich noch bis zum Alter von 63 bis 70 Jahren auf natürliche Weise reifen konnten und dadurch in Berührung kamen mit der väterlichen Sphäre der Keimhülle des Geistesmenschen, der siebten und höchsten Region der geistigen Welt?

Erinnern wir uns, was Rudolf Steiner über den nachtodlichen Durchgang durch diese Sphäre in seinem Buch „Theosophie" schrieb: *„Ist der Mensch an der Grenze der drei Welten, so erkennt er sich somit in seinem eigenen Lebenskern. Das bringt mit sich, dass die Rätsel dieser drei Welten* *für ihn gelöst sein müssen. Er überschaut also das ganze Leben dieser Welten.* "[108]

Dieser Überblick über die drei Welten, innerhalb derer sich die Menschheit entwickelt, ermöglicht einen tiefen Einblick in die Ordnung der einzelnen Sphären sowie über die Gesetzmäßigkeiten, nach denen alles gegliedert und strukturiert ist. Zur Zeit der alten Akkadier lief der Frühlingspunkt durch den Tierkreisbereich der Jungfrau, von dem vor allem ordnende und strukturierende Kräfte ausgehen. Möglicherweise liegt hierin der Grund, weshalb die Akkadier ihr soziales Zusammenleben nicht mehr aus der Erinnerung heraus regelten, sondern versuchten, allem eine gedankliche Ordnung aufzuprägen und diese sogar auf andere Völker und Länder auszuweiten.

Leider sind uns von Rudolf Steiner nur spärliche Informationen über die spätatlantischen Akkadier erhalten geblieben. Doch aus seinen wenigen Worten geht hervor, dass es willensstarke Menschen waren, in denen das Vaterprinzip zum Ausdruck kam, das gerade mit der Sphäre der Keimhülle des Geistesmenschen innig verbunden ist. Die vielfältigen und oftmals gegensätzlichen Willensimpulse der Akkadier bedurften einer strikten Regulierung. Sie verwendeten hierzu die schon seit der fünften atlantischen Unterrasse, den Ursemiten, sich entwickelnde Denkkraft, um eine geist- und gedankengetragene Gesetzesordnung zu etablieren, anders als die vorher mehr seelengetragene, noch auf der Erinnerung beruhende. Diese neue gedankengetragene Ordnung der Akkadier scheint von ähnlich strikter Art gewesen zu sein, wie die spätere Gesetzesordnung des Moses, welcher von seinem Volk einen Gehorsam und eine Unterordnung verlangte, wie sie ein patriarchalisch geprägter Vater von seinen Kindern verlangt. Bei den Akkadiern wirkten Denkkraft und Willenskraft zusammen.

---

[108] GA 9 „Theosophie", Kapitel „Der Geist im Geisterland nach dem Tode".

„Unter der Wirkung der Denkkraft aber entwickelte sich eine Neue-
rungssucht und Veränderungslust. Jeder w o l l t e durchsetzen, was seine
Klugheit ihm eingab. Unruhige Zustände beginnen daher unter der fünften
Unterrasse, und sie führen in der s e c h s t e n [bei den Akkadiern] dazu,
dass man das Bedürfnis empfand, das eigensinnige Denken des Einzelnen
unter a l l g e m e i n e G e s e t z e zu bringen. Der Glanz in den Staaten der
dritten Unterrasse beruhte darauf, dass gemeinsame Erinnerungen Ord-
nung und Harmonie bewirkten. In der sechsten musste durch ausgedachte
Gesetze diese Ordnung bewirkt werden. So hat man in dieser sechsten
Unterrasse den Ursprung von R e c h t s - u n d G e s e t z e s o r d n u n g e n zu
suchen.

Und während der dritten Unterrasse geschah die Absonderung einer
Menschengruppe nur, wenn sie gewissermaßen dadurch aus ihrem
Gemeinwesen hinausgedrängt wurde, weil sie sich innerhalb der durch
Erinnerung vorhandenen Zustände nicht mehr wohl fühlte. In der sechsten
war das wesentlich anders. Die berechnende Denkkraft suchte das Neue
als solches, sie spornte zu Unternehmungen und Neugründungen an.
Daher waren die Akkadier ein unternehmungslustiges Volk, zur Kolonisa-
tion geneigt. Insbesondere musste der Handel der jung aufkeimenden
Denk- und Urteilskraft Nahrung geben.“ [109]

Merkur, der Herrscher im Kräftebereich des Tierkreisbildes Jungfrau,
regiert nicht nur das Denken und den Gedankenaustausch, sondern er
wurde stets auch als Beschützer der Reisenden und Gott des Handels
verehrt.

Die Willenskraft aber, auf der die Entwicklung des Geistesmenschen
beruht, steht unter der Obhut des Vatergottes. Nach seinen Vorgaben,
nach seinem Willen ist die Welt geschaffen und geordnet, unter Mitwir-
kung des Sohnesgottes. Daher lehrte uns Christus, zu beten: *„Vater*
unser im Himmel, ... Dein W i l l e geschehe, wie im Himmel so auf

---

[109] GA 11 „Aus der Akasha-Chronik", Kapitel „Unsere atlantischen Vorfahren".

Erden." Und selbst in seiner schlimmsten Nacht im Garten Gethsemane, am Vorabend der Kreuzigung, betete er zu ihm: *„Doch nicht mein, sondern dein Wille geschehe."* (Lukas 22:42)

In der Götterwelt der Akkadier scheint das Vaterprinzip eine besondere Rolle gespielt zu haben. Ihre Nachfahren zur Zeit der Sumerer verehrten Enlil, als den „König des Himmels und der Erde" und als den „Vater der Götter". Sein Titel ging später auch auf niedrigere Gottheiten über, wie zum Beispiel den griechischen Zeus, der ebenfalls als Göttervater bezeichnet wurde. Die alten Griechen wussten jedoch ebenso wie die alten Akkadier, dass es noch höhere Gottheiten gibt, wenngleich sie ihnen weniger erreichbar waren.

Wie kann sich nun im 10. Jahrsiebt eines heutigen Menschen der Zusammenhang mit der höchsten Region der geistigen Welt äußern, welche wir, die wir keine Meister sind, nach dem Tode nur mit geringem, weil „abgedämpftem" Bewusstsein durchleben? Hierzu kann der Autor dieses Buches selbstverständlich keinerlei gesicherte Auskunft aus seiner eigenen Lebenserfahrung heraus geben. Auch war er zu der Zeit, da er dieses Buch schrieb, erst 65 Jahre alt, befand sich folglich erst im dritten Jahr des 10. Jahrsiebtes. Darüber hinaus steht in jedem Jahrsiebt erst das siebente und letzte Jahr in inniger Verbindung zum Geistesmenschen, unserem höchsten, heute nur anlagemäßig vorhandenen Wesensglied (siehe Abbildung 13, Seite 104). Eine rückblickende Beurteilung der Erlebnisse im 10. Jahrsiebt hinsichtlich eines möglichen Einflusses aus der 7. Region der geistigen Welt kann daher erst nach Vollendung des 70. Lebensjahres erfolgen.

Vielleicht verdankt der Autor aber doch die Möglichkeit, in seinem 10. Jahrsiebt das vorliegende Buch schreiben zu können, schon einem Einfluss aus der siebenten Region der geistigen Welt, denn das Buch handelt nicht nur von der Ordnung des irdischen Lebenslaufes nach Jahrsiebten, sondern besonders von der menschlichen Bewusstseinsentwicklung in ihrem Verlauf.

Erinnert das nicht an Rudolf Steiners oben zitierte Aussage, wonach wir in der höchsten Region der geistigen Welt einen Überblick über alle drei Welten erhalten? Womöglich gewinnt man damit auch erst den vollen Überblick über die einzelnen Schritte der Bewusstseinsentwicklung der Menschheit innerhalb der drei Welten. Jedenfalls wies Rudolf Steiner in seiner eigenhändigen Niederschrift für Édouard Schuré im Mai 1906 darauf hin, dass man in der christlichen Esoterik die Bewusstseinszustände als Vater bezeichnet, die Lebenszustände als Sohn und die Formzustände als Heiligen Geist.[110] Die sieben Bewusstseinszustände, welche die Menschheit innerhalb der drei Welten zu durchlaufen hat, vom alten Saturn in der fernsten Vergangenheit bis zum Vulkan in der fernsten Zukunft, sind daher äußerer Ausdruck des Vaterprinzips. Und auf diesem Grundprinzip der Zahl 7 beruhen auch die Jahrsiebte im menschlichen Erdenleben.

Der in diesem Buch geschilderte Überblick und die dazu gegebenen Beispiele zur schrittweisen Bewusstseinsentwicklung von Jahrsiebt zu Jahrsiebt sind selbstverständlich nur ein Geringstes gegenüber dem, was jene erleben dürfen, welche in der siebenten Region der geistigen Welt bewusst wahrnehmen können. Aber Rudolf Steiner wies eben auch darauf hin, dass ein Einfluss aus jener Region bei uns allen im Erdenleben in unserem Unterbewusstsein wirksam ist. Und wer den Weg der Geistesschülerschaft beschreitet, wird bald feststellen, dass der undurchsichtige Schleier, welcher die Inhalte unseres Unterbewusstseins vor unserem Tagesbewusstsein verhüllt, nach und nach dünner und löchriger wird, sich lichtet, sodass doch das eine oder andere ins Bewusstsein hinaufdringt, wenn auch anfänglich nur in geringem Maße.

Auch muss berücksichtigt werden, dass jeder aufrichtige Meditant während des Schlafes am nächtlichen Unterricht durch die Meister in der übersinnlichen, von Christian Rosenkreutz geleiteten Mysterien-

---

110 GA 89 „Bewusstsein – Leben – Form", Kapitel „Zeichen und Entwicklung der drei Logoi in der Menschheit".

schule teilnehmen darf. Der Inhalt dieses Unterrichts wird mit der Zeit immer klarer und umfangreicher am nächsten Morgen ins Bewusstseins dringen.

„Meditieren heißt, die Seele dem Meister öffnen, dass er ihr nachts Impulse geben kann. Der Astralkörper erhält anfangs unbewusst Unterricht, dieser wird nach und nach immer bewusster werden. Zuerst Einfälle im Tagesbewusstsein, die man sich nicht erklären kann, später Tagesbewusstsein und höheres Bewusstsein gleichzeitig. – St. G. [St. Germain][111] vermittelt die Theosophie so, dass sie den Ansprüchen des gebildeten Europäers genügt. Ist jetzt der wichtigste Meister." [112]

Sicherlich werden aber auch viele von denjenigen, die sich noch überhaupt nicht zur Geistesschülerschaft hingezogen fühlen, mit dem Eintritt in den Ruhestand feststellen, dass sich eine Neigung zum Lebensrückblick einstellt und damit einhergehend das Bedürfnis, Ordnung in die vielfältigen Lebenserinnerungen zu bringen und den verborgenen Gesetzmäßigkeiten im seelisch-geistigen Werdegang der eigenen Bewusstseinsentwicklung nachzuspüren.

Das 11. Jahrsiebt und die erste Sphäre des Budhiplans (Alter: 70 – 77 Jahre)

Wenn ein Mensch 70 Jahre alt geworden ist, hat er die natürliche Grenze seines Erdenlebens erreicht, denn die menschliche Wesenheit besteht aus 10 Wesensgliedern, und im Erdenleben wird uns für die Weiter-

---

[111] Gemeint ist Christian Rosenkreutz, von dem Rudolf Steiner sagte: *„Es war der Graf von Saint-Germain, dieselbe Persönlichkeit, die in früherer Inkarnation den Orden der Rosenkreuzer gestiftet hat."* (GA 93 „Die Tempellegende und die Goldene Legende", Berlin, Vortrag vom 4. November 1904.)

[112] GA 266c „Aus den Inhalten der esoterischen Stunden", Band III, Berlin, Esoterische Stunde vom 18. März 1906.

entwicklung eines jeden dieser Wesensglieder ein Zeitraum von sieben Jahren gewährt. Nach 10 x 7 = 70 Jahren ist dieser Zeitraum abgelaufen. Was wir im vorgeburtlichen Dasein gemeinsam mit höheren Wesenheiten ausgearbeitet und für unser Erdenleben vorbereitet haben, konnte sich in 10 Jahrsiebten schrittweise entwickeln. Den vorgeburtlichen Erlebnissen in den verschiedenen Sphären der höheren Welten wurde ausreichend Gelegenheit gegeben, im Erdenleben ihren Ausdruck zu finden.

Auch jenen Teil unseres aus der Vergangenheit herrührenden Karmas, das wir im Erdenleben abtragen sollten, haben wir bis zum Alter von 70 Jahren im Wesentlichen bewältigt. Alle weiteren Jahre sind eine „gnadenvolle Zugabe" aus jener Welt, die über der geistigen Welt liegt, ein Geschenk aus dem Budhiplan, der Welt des Lebensgeistes oder des Christus. In einem seiner Karmavorträge äußerte sich Rudolf Steiner hierzu einmal folgendermaßen:

"Diese Karmabetrachtung, sie macht uns überhaupt aufmerksam auf die Zusammenhänge des menschlichen, hier auf der Erde vollbrachten Lebens mit dem, was in den Weltenweiten vorgeht. Wir sehen dieses menschliche Leben auf der Erde, wenn es in gewissen Zusammenhängen seine Grenze erreicht, sich entfalten bis etwa zum siebzigsten Jahre. Was darüber hinaus ist, ist eigentlich ein gnadevoll geschenktes Leben. Was darunter ist, steht unter karmischen Einflüssen." [113]

Diese Aussage könnte dahingehend interpretiert werden, dass uns nach dem 70. Lebensjahr kein von uns selbst in früheren Leben verursachtes leidvolles Karma mehr treffen könne. Das wäre aber wohl eine zu enge Auslegung von Rudolf Steiners Worten, denn wir wissen von manch anderen seiner Aussagen, dass sie nur den Regelfall betreffen, von dem es aber individuelle Ausnahmen gibt. Der Grundsatz „keine Regel ohne Ausnahme" kommt auch hier zum Tragen.

---

[113] GA 237 "Esoterische Betrachtungen karmischer Zusammenhänge – Band III", Dornach, Vortrag vom 6. Juli 1924.

Was das Auftreten von Krankheiten im höheren Alter angeht, so muss man sicherlich wenigstens drei Arten unterscheiden. Zum einen gibt es Krankheiten, die nichts anderes sind als die ganz selbstverständliche Folge eines ungesunden Lebenswandels im jetzigen Leben.

Des Weiteren gibt es Krankheiten im Alter, die nur darauf hinzielen, uns den Gang durch die Pforte des Todes zu ermöglichen. Sie sind gewissermaßen die Türöffner für diese Pforte und dienen unserer Befreiung vom alt gewordenen, für unsere weitere seelisch-geistige Entwicklung nun zum Hindernis gewordenen physischen Leib. Die Loslösung von ihm beim natürlichen Tode wird daher von den Verstorbenen mit einem Gefühl ungeheurer Erleichterung und größter Seligkeit erlebt.

Eine dritte Gruppe von Krankheiten im hohen Alter bilden jene, die weder karmisch bedingt, noch die Folge eines ungesunden Lebenswandels sind, sondern eine „erste Ursache" darstellen, durch welche wir uns einen positiven karmischen Ausgleich im nächsten Leben schon im Voraus verdienen dürfen. Solche Krankheiten mögen in allen Lebensaltern auftreten können. Im „gnadevoll geschenkten" Lebensabschnitt nach dem 70. Lebensjahr dürften sie jedoch häufiger zu finden sein.

„Wie in allen Dingen, welche den Menschen betreffen, so darf auch in Bezug auf Gesundheit und Krankheit die Sache nicht so gefasst werden, als ob sie ohne weiteres «Strafe» und «Lohn» wären für das, was er, der Mensch, in einem früheren, oder vielleicht gar in «diesem» Leben begangen hat. Es kann zum Beispiel eine Person von einer Krankheit befallen werden, für welche gar keine Ursache nachgewiesen werden kann, weder im früheren, noch in dem gegenwärtigen Leben. Dann tritt die Krankheit gewissermaßen als ein «erstes» Ereignis in den menschlichen Lebenslauf ein, sie ist selbst eine «erste» Ursache. Sie wird dann eben ihre Wirkung in irgendeiner Art in dem folgenden Lebenslauf nach sich ziehen." [114]

---

[114] GA 34 „Lucifer-Gnosis", Abschnitt „Wie hat man sich Gesundheit und Krankheit im Sinne des Karmagesetzes zu denken?", 1906.

Über die wirklichen Ursachen unserer Krankheiten im Erdenleben werden wir erst beim Durchgang durch die Merkursphäre im Leben nach dem Tode vollständig Aufklärung erhalten.[115]

Ungeachtet all dessen können uns im Alter einschneidende leidvolle Erlebnisse auch im Rahmen des Volks- oder gar Menschheitskarmas treffen. Das ist zum Beispiel im Falle von Kriegs- oder Hungerkatastrophen der Fall. Dann sind jedoch zuallermeist ganze Gruppen von Menschen betroffen und es handelt sich seltener um Einzelfälle.

Was die Gnade angeht, durch welche uns die zusätzlichen Lebensjahre geschenkt werden, so geht diese von Christus aus. Er ist sowohl Herr des Karmas wie auch Herr über die Lebenskräfte, der Geist des Lebens, welcher uns als Lebensgeist oder Budhi umgibt und in Zukunft immer mehr in uns einströmen wird. Ab dem Erreichen des 70. Lebensjahres beginnen wir dafür noch empfänglicher zu werden als in den Jahren davor. Wir blicken dann gewissermaßen wie von außerhalb der „drei Welten", aus einer höheren Warte, als es uns vorher möglich gewesen ist, auf unser bis dahin auf der Erde verbrachtes Leben zurück.

Die Jahre nach dem 70. Geburtstag erweisen sich insofern als besonders geeignet, um sich im Lebensabend noch einmal ganz intensiv mit Christus zu verbinden und sich ins Bewusstsein zu rufen, dass sich diese hohe Wesenheit, der Höchste der Sonnengeister und Repräsentant des Sohnesgottes in der Schöpfung, zur Zeit der griechisch-römischen Kultur, im Widderzeitalter, mit der Erde und der Menschheit verbunden hat. Daher soll an dieser Stelle, aus einem für viele vermutlich noch nicht bekannten Blickwinkel, eine nähere Betrachtung des langwierigen Abstieges des Christusgeistes auf die Erde im Zusammenhang mit der Bewusstseinsentwicklung der Menschheit erfolgen.

---

[115] Vgl. Seite 48

Unsere Anlage zum Geistselbst oder Manas gehört der höheren geistigen Welt an, der Welt des Heiligen Geistes. Unsere Anlage zum Lebensgeist, zur Budhi, liegt jedoch in der nächsthöheren Welt, auf dem Budhiplan. Von ihm geht der Christusimpuls aus. Die Anlage zum Geistesmenschen oder Atma werden wir erst in ferner Zukunft entwickeln können. Sie wurzelt im noch höheren Atmischen Plan, der Welt des Vaters. Heute sind diese drei höchsten Wesensglieder des Menschen noch auf einer sehr anfänglichen Entwicklungsstufe.

Die Anlage zum Geistselbst konnte schon im alten Lemurien mit unserem Astralleib verbunden werden, denn ein Teil des Astralleibes wurde damals bereits zur Empfindungsseele umgewandelt, sodass diese als Verbindungsglied für die Anlage des Geistselbstes dienen konnte. Allerdings war diese Verbindung noch eine sehr lose und nur anfängliche.

Zur Aufnahme der Anlage der Budhi aber waren die Menschen im alten Lemurien noch überhaupt nicht fähig. Selbst in der anschließenden Atlantischen Epoche waren die erforderlichen Bedingungen dafür nicht gegeben. Die Budhi umschwebte bis dahin die Menschen nur. Sie konnte noch nicht in sie einziehen. Christus, der höchste der Sonnengeister, bereitete von da an die Menschen darauf vor, dass diese in der nächsten großen Epoche, unserer fünften oder nachatlantischen Epoche, die Budhi würden empfangen können. Hierzu haben wir eine Erläuterung von Rudolf Steiner:

"Für die ganze Erde war ein gemeinschaftlicher Geist vorhanden, der über die ganze Menschheit in all ihren Gliedern das Element der Sonnengeister oder Feuergeister ausgießen konnte, die Budhi oder den Lebensgeist. Aber in der lemurischen Rasse und in der atlantischen Zeit waren die Menschen noch nicht reif, irgend etwas von diesem Sonnengeist zu empfangen. In der Akasha-Chronik kann man da höchst Merkwürdiges in der damaligen Zeit sehen, nämlich dass die Menschen aus physischem Leib, Ätherleib, Astralleib und dem Geistselbst bestanden. Das Geistselbst war

aber nur in ganz schwacher Weise in den Menschen darinnen. Die Budhi oder der Lebensgeist umschwebte einen jeden, doch man konnte dies nur im Astralraum bemerken. Ein jeder hatte eine solche Budhi-Umgebung im astralen Raum; aber diese Budhi, die den Menschen von außen umschwebte, war noch nicht reif, in ihn einzudringen. Sie war ein Teil des einen großen Feuergeistes, der seine Tropfen über die Menschen ausgegossen hatte; diese konnten nur noch nicht in die Menschen eindringen. Durch die Tat des Christus auf Erden wurden in den Menschen die Anlagen ausgestaltet, dass sie das, was wir Budhi nennen, in ihr Manas aufnehmen konnten. [...]

Was in den physischen Leib, Äther- und Astralleib des Jesus von Nazareth eingezogen ist, das ist dieser ganze Feuergeist, der gemeinsame Quell aller dieser Geistesfunken für die Menschen. Das ist der Christus, die einzige göttliche Wesenheit, die in der Weise in keiner andern Form auf der Erde vorhanden ist. Sie zog ein in den Jesus von Nazareth, damit die, welche sich verbunden fühlten mit dem Christus Jesus, die Kraft erhielten, die Budhi in sich aufzunehmen. Es beginnt mit dem Erscheinen des Christus Jesus die Möglichkeit, die Budhi zu empfangen. Das nannte Johannes das göttliche Schöpferwort. Das göttliche Schöpferwort ist dieser Feuergeist, der seine Funken in die Menschen ausgoss." [116]

Die Möglichkeit des Empfangens der Budhi musste durch eine ganze Reihe von Zeitaltern hindurch sorgfältig vorbereitet werden. Der Anfang dieser Entwicklung liegt in der Zeit der fünften Unterrasse der Atlantis, als die Ur-Semiten zu dem für damalige Zeit fortschrittlichsten Teil der Menschheit heranwuchsen. Sie waren, wenn sie das 70. Lebensjahr überschritten hatten, noch empfänglich für den Einfluss des Christus aus dem Budhiplan, wenigstens soweit dieser von der untersten oder ersten Sphäre dieses Planes ausging, welche zum physischen Leib des Menschen in Beziehung steht. Daher waren sie besonders geeignet, im Verlaufe ihrer weiteren Entwicklung die erforderlichen Bedingungen dafür zu liefern, dass in der Mitte unserer nachatlantischen Epoche der

---

[116] GA 97 „Das christliche Mysterium", Köln, Vortrag vom 2. Dezember 1906.

Christus und mit ihm die Budhi bis in den physischen Leib eines Menschen einziehen konnte. Aus diesem Grunde wurden die Ursemiten als die fünfte atlantische „Unterrasse" zur „Wurzelrasse" für die Menschheit der nachatlantischen oder fünften großen Epoche bestimmt.

In der Mitte der Lemurischen Epoche war durch den luziferischen Einfluss schon allen menschlichen Astralleibern die Fähigkeit eingepflanzt worden, Leidenschaft entwickeln zu können, sich für ein Vorhaben begeistern und in Enthusiasmus entflammen zu können. In der Folge entwickelten die Menschen bis zur Mitte der Atlantischen Epoche einen kräftigen Eigenwillen als Grundlage eines freien Willens. Doch dieser Wille war noch nicht wirklich frei, sondern stark von den Begierden und Leidenschaften des Astralleibes bestimmt. Bei der vierten atlantischen Unterasse, den Ur-Turaniern, nahm der Eigenwille aber ein so zerstörerisches Ausmaß an, dass dringend eine Regulierung erfolgen musste, welche die Menschheit wieder ins Gleichgewicht brachte.

„Solche zerstörende Wirkung konnte nur dadurch aufgehalten werden, dass im Menschen sich eine höhere Kraft ausbildete. Und das war die Denkkraft. Das logische Denken wirkt zurückhaltend auf die eigensüchtigen persönlichen Wünsche. Den Ursprung dieses logischen Denkens haben wir bei der fünften Unterrasse [den Ursemiten] zu suchen. Die Menschen fingen an, über die bloße Erinnerung an Vergangenes hinauszugehen und die verschiedenen Erlebnisse zu vergleichen. Die Urteilskraft entwickelte sich. Und nach dieser Urteilskraft wurden die Wünsche, die Begierden geregelt. Man fing an, zu rechnen, zu kombinieren. Man lernte, in Gedanken zu arbeiten." [117]

Die Entwicklung der Urteilskraft konnte ab der fünften Unterasse der Atlantis beginnen, weil damals der Frühlingspunkt in den Kräftebereich des Tierkreisbildes Waage einzog, von welchem die Seelenkräfte des Abwägens, Vergleichens und Urteilens ausgehen. Hierzu musste der

---

[117] GA 11 „Aus der Akasha-Chronik", Kapitel „Unsere atlantischen Vorfahren".

Lebens- oder Ätherleib, das niedrige Gegenbild des Lebensgeistes entsprechend entwickelt und zum Teil in Verstandesseele umgewandelt werden. Diese würde dann ab einer gewissen Entwicklungsstufe als Bindeglied zur Anlage des Lebensgeistes dienen können, sodass dieser in die Menschen einziehen kann. Die hierfür erforderliche Reife erreichte die Verstandesseele jedoch erst in der Mitte unserer nachatlantischen Epoche, im Widderzeitalter, denn zum einen gelang es erst den Griechen und Römern, sich zu einer Kultur der Verstandesseele hinaufzuarbeiten, und zum anderen musste neben der Verstandesentwicklung der Menschheit auch noch die Entwicklung des Ich-Bewusstseins erfolgen.

„Die Ausbildung des menschlichen Verstandes, des Selbstbewusstseins, war noch nicht bei den Atlantiern vorhanden. Sie lebten in einer Art von Hellsehen. Erst bei der fünften Unterrasse der Atlantier, bei den Ursemiten, bildeten sich die ersten Elemente des kombinierenden Verstandes, der weiterlebte in der fünften Wurzelrasse. Damit kommt das Ich-Bewusstsein herauf. Der Atlantier sagte noch nicht mit derselben Intensität «ich» zu sich selbst wie der Angehörige des folgenden Zeitalters.“ [118]

Die physischen Leiber der Ursemiten hatten noch eine stark nach hinten fliehende Stirn. Ihre Ätherleiber dagegen ragten deutlich nach vorn über die Stirn des physischen Leibes hinaus. Für die Entwicklung des Ich-Bewusstseins war es aber erforderlich, dass sich physischer Leib und Ätherleib einander annäherten. Sie mussten schließlich über der Nasenwurzel zur Deckung kommen.

„Ein anderer Zeitpunkt ist der, als der Mensch begann, Ich zu sich zu sagen. Das geschah in der Atlantis, zur Zeit der Ursemiten, dadurch dass sich ein bestimmter Punkt im physischen Kopf mit einem anderen im Ätherkopf deckte.“ [119]

---

[118] GA 92 „Die okkulten Wahrheiten alter Mythen und Sagen“, Berlin, Vortrag vom 28. März 1905.

[119] GA 94 „Kosmogonie“, München, Vortrag vom 5. November 1906.

Im Laufe der folgenden Zeitalter schob sich die ursprünglich schräg nach hinten verlaufende physische Stirn immer mehr nach vorn und kam dadurch in eine mehr senkrechte Position über der Nasenwurzel. Das bewirkte eine Zunahme der Wahrnehmung der physischen Außenwelt bei Tage und zugleich eine Abnahme der hellsichtigen Bewusstseinszustände in der Nacht. Heute sind wir für die Dauer des Tiefschlafes in der Nacht völlig ohne jede bewusste Wahrnehmung, dafür aber hellwach bei Tage, wacher als es die Menschen selbst der Antike jemals waren. Sie hatten noch vielfach Tag- oder Wachträume, gelegentlich sogar noch hellsichtige Wahrträume.

Der gesamte Prozess der Abdämpfung des alten Hellsehens und der Hinlenkung des menschlichen Wahrnehmungsvermögens auf die physische Außenwelt zur Entwicklung des Verstandes und des Ich-Bewusstseins erstreckte sich über insgesamt sieben Zeitalter. Der Frühlingspunkt bewegte sich in dieser Zeit rückwärts von der Waage aus, wo er sich zur Zeit der Ursemiten befand, um sechs Tierkreisbilder weiter, bis zum Widder zur Zeit der griechisch-römischen Kultur.

Diese sieben Tierkreisbilder, Waage bis Widder, stehen in Beziehung zu den sieben makrokosmischen Wesensgliedern des Christus. Es sind die sieben hellen Tierkreisbilder des Sommerhalbjahres, im Unterschied zu den fünf dunklen des Winterhalbjahres. Rudolf Steiner hat sie einmal im Zusammenhang mit den sieben Wesensgliedern des Menschen beschrieben (siehe Abbildung 17).[120]

Der Abstieg der Christus-Wesenheit vom Budhiplan zur Erde geschah stufenweise. Zunächst kamen die Tierkreiskräfte der Waage zum Tragen. Durch sie erhielten die Ursemiten den ersten Anstoß zur Vorbereitung der späteren Aufnahme der Budhi durch die Menschen. Als nächste vorbereitende Schritte setzte zur Zeit der Akkadier ein Kräftezustrom aus dem Bereich der Jungfrau ein, bei den Mongolen aus dem Kräfte-

---

[120] GA 102 „Das Hereinwirken geistiger Wesenheiten in den Menschen", Berlin, Vortrag vom 27. Januar 1908.

bereich des Löwen, bei den Ur-Indern aus dem Kräftebereich des Kreb-
ses, und so weiter bis schließlich unter dem Kräfteeinfluss des Widders,
zur Zeit der alten Griechen, die Verstandesseele so weit entwickelt war,
dass sie endlich als Bindeglied zwischen dem Lebensleib und dem
Lebensgeist dienen konnte.

CHRISTUS

7. ♈ Widder

6. ♉ Stier

5. ♊ Zwillinge

4. ♋ Krebs

MENSCH

3. ♌ Löwe

7. Geistesmensch   2. ♍ Jungfrau

6. Lebensgeist   1. ♎ Waage

5. Geistselbst   ♏ Skorpion

4. Ich   ♐ Schütze

3. Astralleib   ♑ Steinbock

2. Ätherleib   ♒ Wassermann

1. Physischer Leib   ♓ Fische

**Abbildung 17: Die sieben Wesensglieder des Christus
und die sieben Wesensglieder des Menschen**

Zugleich wurde das Geistselbst oder Manas des Jesus von Nazareth
dazu befähigt, als reines Gefäß für die Budhi dienen zu können. Nun erst
waren die Bedingungen für den Einzug der Christuswesenheit mit der
Budhi in einen irdischen Menschenleib gegeben.[121] Daher die oben
schon zitierten Worte Rudolf Steiners:

---

[121] Welche sonstigen komplizierten Vorgänge erforderlich waren, um den ein-
zigartigen Leib wie auch die einzigartige Seele des Jesus von Nazareth für

„Durch die Tat des Christus auf Erden wurden in den Menschen die Anlagen ausgestaltet, dass sie das, was wir Budhi nennen, in ihr Manas aufnehmen konnten." [122]

Erst seit dieser Zeit ist es uns Menschen möglich, an der bewussten Umwandlung des Ätherleibes durch das Ich zu Budhi zu arbeiten.

Wie schon erwähnt, war sowohl für die Entwicklung der Verstandesseele wie auch des Ich-Bewusstseins eine Hinwendung des menschlichen Wahrnehmungsvermögens auf die physische Außenwelt erforderlich, unter gleichzeitiger Abdämpfung des alten Hellsehens. Die ehemals übersinnlich erlebten Bilder aus der Götterwelt wurden immer undeutlicher. Die alten Germanen bezeichneten diesen Vorgang mit tragischem Empfinden als „Götterdämmerung". Selbst im Leben nach dem Tode konnten sie mit ihrem traumhaften Bilderbewusstsein in immer weniger hohe Welten vordringen. Und da sich die Verdunkelung in den Sphären der Seelenwelt und der geistigen Welt in den einzelnen Jahrsiebten des Erdenlebens widerspiegelte, stießen die Menschen beim Älterwerden immer früher an eine natürliche Grenze ihres Hellsehens.

Ganz anders war das noch bei den Ursemiten. Sie waren imstande, beim nachtodlichen Aufstieg durch die Sphären ihr traumhaftes Bilderbewusstsein noch bis zur ersten Sphäre des Budhiplanes aufrechtzuerhalten. Das spiegelte sich in ihrem Erdenleben dann ab dem Alter von 70 Jahren, mit dem das 11. Jahrsiebt beginnt, in ihrer Seele wider. Daher fühlten sie sich der Budhi, dem Lebensgeist, so innig verbunden und konnten die einzigartige Mission aufgetragen erhalten, an der Menschwerdung Christi und der Begabung der Menschheit mit der Budhi mitzuwirken.

---

die Aufnahme des Christus-Geistes vorzubereiten, schildert Rudolf Steiner unter anderem in seinen Vortragszyklen über die beiden Kindheitsevangelien: das Lukas- und das Matthäus-Evangelium (GA 114 und GA 123).

[122] GA 97 „Das christliche Mysterium", Köln, Vortrag vom 2. Dezember 1906.

Bei den späten Akkadiern erfolgte der Aufstieg mit dem traumhaften Bilderbewusstsein immerhin noch bis zur höchsten Region der geistigen Welt, bis zur Grenze der „drei Welten". Entsprechend waren sie noch dazu veranlagt, im Erdenleben auf natürliche Weise ab dem 10. Jahrsiebt, im Alter von 63 bis 70 Jahren, für Einflüsse aus der siebenten Region der geistigen Welt, der Sphäre der Keimhülle des Geistesmenschen, empfänglich zu werden.

Die Mongolen, die letzte atlantische Rasse, konnte zwischen zwei Inkarnationen mit ihrem traumhaften Bewusstsein noch bis zur zweithöchsten Region der geistigen Welt vordringen, der Sphäre der Keimhülle des Lebensgeistes. Das spiegelte sich in ihren Seelen im Erdenleben ab dem 9. Jahrsiebt wider, im Alter von 56 bis 63 Jahren,.

So verdunkelte sich das Bewusstsein der Menschen nach dem Tode immer früher. Mit jedem Zeitalter ging die Wahrnehmungsfähigkeit für eine ganze Sphäre verloren. Das Bewusstsein der Urinder reichte noch bis zur Sphäre des Geistselbstes, der fünften Region der geistigen Welt. Dadurch konnten sie im Alter von 49 bis 56 Jahren noch auf ihre vergangenen Inkarnationen zurückblicken.

Die Urperser hatten noch Zugang zur Tierkreissphäre, die Ägypter, Chaldäer und Babylonier bis zur Saturnsphäre, und die Griechen und Römer schließlich nur noch bis zur Jupitersphäre. So stark war für sie sie die Reichweite des Bewusstseins nach dem Tode schon eingeschränkt. Dazu kam noch, dass auch das traumhafte Bilderbewusstsein selbst sich abdunkelte, sodass ihnen nur noch schattenhafte Erlebnisse blieben. Deshalb sprachen sie vom Reich der Toten als von einem finsteren Schattenreich, wohingegen die alten Ägypter noch lebhaftere Eindrücke aus diesem Reich hatten, wenn auch bei weitem nicht mehr so lichtvolle wie die Urperser oder Urinder.

Mit der Abdunkelung des Bewusstseins ging eine zunehmende Vereinsamung der Menschen nach dem Tode einher. Immer schwieriger wurde es für sie, mit anderen Seelen in Kontakt zu treten. Rudolf Steiner schildert diesen für die Menschheit tragischen Zustand mit den Worten:

„Wenn die Seele aus einem alten indischen Leibe herausging und in die geistige Welt hineintrat, um da die Entwickelung durchzumachen bis zur neuen Geburt, da war das Geistige für sie noch lebendig. Denn während des ganzen Lebens sehnte sich der Mensch hinauf zu einer geistigen Welt, und alle seine Empfindungen waren befeuert von dem, was er hörte an Verkündigungen über das Leben in den geistigen Welten, wenn er auch selbst kein Eingeweihter war. Daher lag sozusagen, wenn er durch die Pforte des Todes kam, die geistige Welt offen vor ihm da; licht und hell wurde es vor ihm.

Aber in dem Maße, als der Mensch Sympathie gewann für die physische Weit, als er geschickter wurde für die physische Welt, in demselben Maße verdunkelte sich für ihn die Zeit zwischen Tod und neuer Geburt. Und in der ägyptischen Zeit ist das schon so weit gediehen, dass wir mit dem hellseherischen Bewusstsein feststellen können, dass es für die Seele dunkel und düster wird, wenn sie aus dem Leibe in die geistige Welt heraustritt, dass sich die Seele einsam fühlt und wie abgeschlossen von den anderen Seelen;[123] *und wie ein frostiges Gefühl empfindet es die Seele, wenn sie sich einsam fühlt und nicht eine Verständigung mit der anderen Seele findet.*

Und während die Griechen in einer Zeit lebten, wo die Menschen durch eine so herrliche äußere Schönheit in der Kultur die Erde zu etwas ganz Besonderem gemacht hatten, war es für die Seelen am finstersten, am düstersten und am frostigsten in der Zeit zwischen dem Tode und der neuen Geburt. Und es ist keine Legende, sondern es entspricht der Wirklichkeit, dass der vornehme Grieche, wenn er gefragt wurde über den Aufenthalt in der Unterwelt, zur Antwort gab: Lieber ein Bettler sein in der Oberwelt als ein König im Reiche der Schatten!" [124]

---

[123] in der späteren ägyptischen Zeit

[124] GA 112 „Das Johannes-Evangelium im Verhältnis zu den drei anderen Evangelien", Kassel, Vortrag vom 29. Juni 1909.

Damit stand die Menschheit vor der Gefahr, den Zusammenhang mit den übersinnlichen Welten völlig zu verlieren. Diese mussten wieder „licht und hell" für die Verstorbenen werden, damit sie bei ihrem Auf- und Abstieg durch die einzelnen Sphären alle notwendigen Kräfte für ihre Weiterentwicklung und die nächste Inkarnation aufnehmen konn- ten. Eine so gigantische Aufgabe, alle diese Sphären zu erhellen, ver- mochte einzig und allein jene Wesenheit zu vollbringen, die mit vollem Recht von sich sagen kann:

„Ich bin das Licht der Welt. Wer mir nachfolgt, der wird nicht wandeln in der Finsternis, sondern wird das Licht des Lebens haben." (Joh. 8:12)

Mit dem Mysterium von Golgatha änderten sich die Verhältnisse in den übersinnlichen Welten radikal. Rudolf Steiner hat das in seinem „Grundsteinspruch" mit den Worten zum Ausdruck gebracht:

„In der Zeiten Wende trat das Welten-Geistes-Licht in den irdischen Wesensstrom; Nacht-Dunkel hatte ausgewaltet; taghelles Licht erstrahlte in Menschenseelen; Licht, das erwärmet die armen Hirtenherzen; Licht, das erleuchtet die weisen Königshäupter." [125]

Seither steht allen Menschen, die sich mit ihren Häuptern um ein Verständnis des Christus-Ereignisses in Palästina vor 2000 Jahren bemühen, und die in ihre Herzen den Christus-Impuls aufnehmen, der Weg durch die einzelnen Sphären wieder offen, bis hinauf zum Budhi- plan, wo die große Mitternachtsstunde des Daseins zwischen zwei Inkarnationen durchlebt wird in der Vereinigung mit unserem Urquell, mit Christus.

Er führt uns auf diesem Weg, unserem großen Inkarnationskreislauf. Er spricht daher ebenso zurecht von sich selbst: *„Ich bin d e r W e g und die Wahrheit und das Leben."* (Joh. 14:6)

---

[125] GA 260 „Die Weihnachtstagung zur Begründung der Allgemeinen Anthropo- sophischen Gesellschaft 1923/1924", Dornach, 25. Dezember 1923, 10 Uhr vormittags.

Und da wir, um zur Welt des Vaters zu gelangen, zum atmischen Plan, uns erst durch den Budhiplan werden hindurch entwickeln müssen, fügte er Seinen Worten die tiefgründige Wahrheit hinzu: *„Niemand kommt zum Vater außer durch mich."*

Seit dem Mysterium von Golgatha ist es den Menschen möglich, das „Jüngerwerden" der Menschheit, das mit einer fortschreitenden Verdunkelung und Verflachung des Bewusstseins einherging, zu überwinden, und die einzelnen Etappen, die wir alle hinuntergestiegen sind, Schritt für Schritt wieder hinaufzusteigen. Dazu bedarf es des Willens jedes einzelnen, an der eigenen Seelen- und Geistesentwicklung mitzuarbeiten und den Christusimpuls in sich aufzunehmen.

Hermes Trismegistos, der Begründer der ägyptischen Kultur, verkündete einst das große Gesetz der Entsprechungen: wie im Großen, so im Kleinen; wie oben, so unten; wie außen, so innen. Gemäß dieser kosmischen Gesetzmäßigkeit spiegeln sich alle übersinnlichen Daseinsebenen, die wir durchwandern, in den Jahrsiebten unseres Erdenleben wider. Abbildung 18 gibt die mit den einzelnen Sphären verbundenen Erlebnisse an.

Inzwischen sind wir bis zur materialistischen Weltanschauung hinabgestiegen, da wir ohne unser Zutun höchstens bis zum Alter von 27 Jahren reifen. Infolgedessen sind wir nur noch für den Einfluss aus der Marssphäre empfänglich, welche allein die geistigen Abbilder der leblosen Dinge in der physischen Welt enthält. Das Verständnis für das Leben als übersinnliche Kraft, welches die Griechen noch hatten, ist den meisten Menschen heutzutage verloren gegangen.

Wenn wir uns aber bemühen, von Jahrsiebt zu Jahrsiebt weiter seelisch-geistig zu reifen, wachsen wir bewusstseinsmäßig dem Budhiplan entgegen und damit zu Christus hin. Ab dem 70. Lebensjahr werden wir besonders empfänglich für seine Einflüsse aus der ersten Sphäre des Budhiplans.

	Daseinsebenen	Zeitalter	Kultur	Erlebnisse	Jahrsiebt
Budhi — 1	1. Sphäre des Budhiplans	♎	Ursemiten	Der Geist des Lebens	11. Jahrsiebt (70 – 77 Jahre)
Geistige Welt — 7	Sphäre der Keimhülle des Geistesmenschen	♍	Akkadier (Atlantisch)	Göttliche Ordnung und Gesetzmäßigkeiten	10. Jahrsiebt (63 – 70 Jahre)
6	Sphäre der Keimhülle des Lebensgeistes	♌	Mongolen (Atlantisch)	Lebenskraft Chi/Qi	9. Jahrsiebt (56 – 63 Jahre)
5	Sphäre des Geistselbstes	♋	Urinder (Atlantisch)	Rückblick auf frühere Inkarnationen	8. Jahrsiebt (49 – 56 Jahre)
4	Tierkreissphäre	♊	Urperser (Nachatlantisch)	Zodiakus und Sonnengeist	7. Jahrsiebt (42 – 49 Jahre)
3	Saturnsphäre	♉	Ägypter/Chaldäer/Babylonier (Nachatlantisch)	Weltenseele	6. Jahrsiebt (35 – 42 Jahre)
2	Jupitersphäre	♈	Griechen/Römer (Nachatlantisch)	Lebensrhythmus in der Natur	5. Jahrsiebt (28 – 35 Jahre)
1	Marssphäre	♓	Germanen/Angelsachsen (Nachatlantisch)	Materialismus	4. Jahrsiebt (21 – 28 Jahre)

Abbildung 18: Bewusstseinsentwicklung der Menschheit in den verschiedenen Zeitaltern und in den Jahrsiebten des Erdenlebens

Somit verläuft unser Weg durch die Jahrsiebte des Erdenlebens als ein Weg im Kleinen analog dem großen Weg unseres Inkarnationskreislaufes, auf dem uns Christus ebenfalls leitet bis hinauf zu seiner Welt, der Welt des Lebensgeistes.

Nur durch die Verbindung mit Christus im Erdenleben wird es wieder hell für uns in der jenseitigen Welt werden.

„Erst dadurch, dass der Christus auf der Erde erschienen ist, dass der Mensch schon in Vorbereitung während der alttestamentlichen Zeit von einem Christus erfahren hat, erst dadurch, dass der Mensch sozusagen hier im irdischen Dasein die Gestalt des Christus in seinen Geist, in seine Vorstellung aufnahm, nahm er aus der physischen Welt in das Jenseits mit hinüber, was ihm das Licht wiederum brachte in der jenseitigen Welt. Er nahm das mit hinüber, was diese jenseitige Welt wieder hell und klar macht, was ihm dort den Christus wiedergibt, und zwar in höherem Glanze gibt als in der diesseitigen Welt. Daher sehen wir, wie sich das jenseitige Bewusstsein der Menschheit immer mehr trübt, je mehr es sich der Zeit nähert, die wir gestern beschrieben haben, und wie es sich dann aufhellt dadurch, dass der Mensch im Diesseits den Christus kennenlernt, d a s s   e r   k e n n e n l e r n t ,   w a s   v o n   d e m   C h r i s t u s   b e r i c h t e t   w i r d . Denn das, was er in der diesseitigen Welt von ihm aufnimmt, das geht ihm in der Zeit zwischen Tod und neuer Geburt nicht verloren, das nimmt er mit sich, und das ist es, was dem Ausdruck «sterben in den Christus hinein» entspricht." [126]

So wollen wir, wenn uns denn die Gnade gewährt wird, ein elftes Jahrsiebt, das Alter von 70 bis 77 Jahren, auf der Erde verbringen zu dürfen, jenes Jahrsiebt, indem sich vornehmlich die 1. Sphäre des Budhiplans widerspiegelt, die zum physischen Leib und der irdischen Außenwelt in Beziehung steht, diese Jahre dazu verwenden, so viel als nur irgend möglich von den Berichten über das Erdenleben des Christus im

---

[126] GA 105 „Welt, Erde und Mensch", Stuttgart, Vortrag vom 14. August 1908.

physischen Leibe in uns aufzunehmen, damit der historische Christus draußen zu einem Christus in uns werde. Dann dürfen wir, anders als in vorchristlicher Zeit, am Ende unserer Erdentage mit wachem Ich-Bewusstsein in die jenseitigen Welten einziehen.

„Niemals könnte eine Menschheit das Ich-Bewusstsein durch den Tod durchtragen, wenn sich nicht dieses im physischen Leibe entwickelte Ich-Bewusstsein mit dem Christus verbindet, der es hält, wenn es mit dem physischen Leibe von der Menschenseele abschmelzen würde. Erworben ist das Ich-Bewusstsein durch den physischen Leib. Im Tode würde es mit dem physischen Leibe von der Menschenseele abschmelzen, wäre nicht im Sinne des Pauluswortes «Nicht ich, sondern der Christus in mir» dieses Ich mit dem Christus-Wesen verbunden; denn der Christus nimmt es und trägt es durch den Tod hindurch." [127]

Das 12. Jahrsiebt und die zweite Sphäre des Budhiplans (Alter: 77 – 84 Jahre)

Durch das Mysterium von Golgatha hat uns Christus den gesamten Weg von der Erde bis hinauf zum Budhiplan wieder eröffnet, der den Menschen in den vorchristlichen Zeitaltern immer mehr verschlossen worden war. Damit hat er die Voraussetzung geschaffen, dass wir in der großen Mitternachtsstunde des Daseins zwischen zwei Inkarnationen jene Kräfte aus dem Budhiplan empfangen können, die wir benötigen, damit im Erdenleben die Budhi in uns einziehen kann. Auf diese höchst bedeutsame Tatsache wies uns Rudolf Steiner hin:

---

[127] GA 215 „Die Philosophie, Kosmologie und Religion in der Anthroposophie", Dornach, Vortrag vom 13. September 1922.

„Durch die Tat des Christus auf Erden wurden in den Menschen die Anlagen ausgestaltet, dass sie das, was wir Budhi nennen, in ihr Manas aufnehmen konnten. [...]

Was in den physischen Leib, Äther- und Astralleib des Jesus von Naza-reth eingezogen ist, das ist dieser ganze Feuergeist, der gemeinsame Quell aller dieser Geistesfunken für die Menschen. Das ist der Christus, die einzi-ge göttliche Wesenheit, die in der Weise in keiner andern Form auf der Erde vorhanden ist. Sie zog ein in den Jesus von Nazareth, damit die, wel-che sich verbunden fühlten mit dem Christus Jesus, die Kraft erhielten, die Budhi in sich aufzunehmen. Es beginnt mit dem Erscheinen des Christus Jesus die Möglichkeit, die Budhi zu empfangen. Das nannte Johannes das göttliche Schöpferwort. Das göttliche Schöpferwort ist dieser Feuergeist, der seine Funken in die Menschen ausgoss.“ [128]

Wie jede Welt, so besteht auch der Budhiplan aus sieben Regionen oder Sphären. Die erste oder unterste Sphäre des Budhiplans steht in Beziehung zum physischen Leib des Menschen. Die Offenbarung des Christus an die Menschen begann damit, dass er selbst in physischer Gestalt vor sie hintrat. Das geschah von der Taufe am Jordan an, als er in den physischen Leib des Jesus von Nazareth einzog und damit erstmals die Budhi mit einer physischen Menschengestalt verband. Dadurch wurde der Menschheit der Zugang zur 1. Region des Budhiplans eröff-net.

Seither können all jene, die sich im Erdenleben mit Christus innerlich verbinden, nach ihrem Tode, in der Mitte zwischen zwei Inkarnationen, in der großen Mitternachtsstunde des Daseins, die Kraft des Lebens-geistes aus der ersten Sphäre des Budhiplans empfangen. Deshalb konn-te Christus schon vor dem Mysterium von Golgatha den Täufer Johannes in seiner geistigen Entwicklung bis zum Budhiplan hinauf einweihen.

---

[128] GA 97 „Das christliche Mysterium“, Köln, Vortrag vom 2. Dezember 1906.

„Johannes musste sich bis zu Budhi hinaufentwickeln, um erfassen zu können, was in dem Christus Jesus sich offenbarte." [129]

Vor dem Mysterium von Golgatha konnte diese höchste Einweihung jedoch nur vollzogen werden, indem der Einzuweihende vorher seinen physischen Leib ablegte. Er musste durch die Pforte des Todes schreiten. Dazu musste es zugelassen werden, dass Johannes der Täufer vorher getötet wurde.

An der Einweihung bis zur Budhi durfte anschließend auch Lazarus teilhaben. Er wurde im Verlaufe seiner Auferweckung mit den geistigen Wesensgliedern des vorher ermordeten und bis zum Budhiplan hinauf eingeweihten Täufers Johannes umhüllt. Die daraus entstandene Doppelwesenheit des Lazarus-Johannes war der „Lieblingsjünger" Christi und der erste Ihm nachgebildete, von der Erde bis zum Budhiplan hinaufreichende Mensch. Lazarus allein hätte nicht bis zur Budhi hinauf reichen können und der getötete Johannes der Täufer allein hätte nicht mehr bis zum physischen Leib hinunter reichen können.

Diese Situation bei der Einweihung bis zur Budhi änderte sich für die Menschen erst, nachdem Christus im Verlaufe des Mysteriums von Golgatha selbst das Leben durch die Pforte des Todes getragen hatte. Sein Auferstehungsleib, in dem er sich seinen engsten Vertrauten zeigte, war eine Art Übergangszustand zwischen dem physischen Leib und dem ätherischen Lebensleib. Nur durch das Eingreifen des Christus war er für seine Jünger überhaupt sichtbar. Sein Aussehen war jedoch nicht identisch mit dem ins Grab gelegten physischen Leib. Deshalb konnten ihn die Jünger zunächst nicht als den Auferstandenen erkennen, wie uns die Evangelien berichten.[130]

Mit der Himmelfahrt zog der auferstandene Christus in die Äthersphäre oder den Lebensleib der Erde ein. Dadurch wurde er zwar für die

---

129 GA 94 „Kosmogonie", München, 28. Oktober 1906.

130 Markus 16:12 f., Lukas 24:13 f. und Johannes 20:19 f.

Jünger gänzlich unsichtbar. Er eröffnete ihnen jedoch auf diese Weise den Zugang zur 2. Sphäre des Budhiplans, die mit dem Lebens- oder Ätherleib in Verbindung steht. So schuf er die Bedingungen dafür, sich den Menschen künftig im Ätherleib zeigen zu können und sie um eine Stufe höher hinaufzuheben. Die ganze Ätherregion der Erde sollte den Menschen schon während ihres Erdenlebens wieder zugänglich gemacht werden.

Dafür mussten vorher aber sowohl die Verstandeskräfte wie auch das menschliche Ich genügend gefestigt sein. Genau diesem Zweck diente das Kali Yuga oder Finstere Zeitalter, in dessen Verlauf der Menschheit der direkte Blick in die höheren Welten vorübergehend entzogen und ihr Bewusstsein stattdessen für kurze Zeit vollständig auf die physische Welt gelenkt worden war. Gegen Ende des Kali Yuga im Jahre 1899 waren sowohl die Verstandeskräfte und ihr Träger, der Ätherleib, wie auch das Ich-Bewusstsein soweit entwickelt, dass ein neuer Zeitabschnitt beginnen konnte, in dem die Menschen ein neues Hellsehen entwickeln werden. Seit dem 20. Jahrhundert ist es daher möglich, dass Christus im Ätherleibe erscheint.

„In der vierten nachatlantischen Kulturepoche musste sich diese Christus-Wesenheit, die aus kosmischen Höhen heruntergestiegen ist, zunächst im physischen Leibe zeigen. In unserer fünften Kulturepoche werden sich die intellektuellen Kräfte dann so verdichten, dass der Mensch fähig werden wird, den Christus nicht als physische, sondern als Äthergestalt zu sehen. Dieses Ereignis nimmt schon von unserem Jahrhundert, vom zwanzigsten Jahrhundert an, seinen Anfang. Vom dreißigsten, vierzigsten Jahre dieses Jahrhunderts an werden einzelne Menschen auftreten, welche ihr individuelles Leben so entwickelt haben, dass sie sehen werden die Äthergestalt des Christus, wie sie zur Zeit des Jesus von Nazareth den physischen Christus gesehen haben. Und immer mehr und mehr werden in den nächsten drei Jahrtausenden Menschen kommen, welche diesen ätherischen Christus schauen werden, bis ungefähr drei Jahrtausende nach unserer Zeitrechnung eine genügende Anzahl Menschen auf Erden keine

*Evangelien oder andere Urkunden mehr brauchen werden, weil sie i n
d e r S e e l e den Christus gesehen haben werden."* [131]

„*In der Seele*", das heißt nicht mit physischen Augen, sondern vermittels des neuen Hellsehens werden sie den Christus schauen. Um das, was sie dann schauen werden, aber auch zu verstehen und in seiner Bedeutung zu erkennen, bedarf es einer ausreichenden Vorbereitung durch die Lehren der Geisteswissenschaft.

„*Diejenigen Menschen, die sich durch die Geisteswissenschaft anregen
lassen, werden nach und nach erleben können – von der Mitte des zwanzigsten Jahrhunderts an – eine Wiedererneuerung desjenigen, was Paulus
im ätherischen Hellsehen gesehen hat als ein kommendes Mysterium, als
das Mysterium des lebenden Christus."* [132]

Dem Apostel Paulus wurde das Schauen des lebendigen Christus als
Äthergestalt vorzeitig ermöglicht, indem Christus selbst unmittelbar
eingriff und ihm den Blick dafür eröffnete. In ähnlicher Weise hatte Er
den Jüngern das Schauen seines Auferstehungsleibes möglich gemacht.
Beides wäre ohne sein unmittelbares Eingreifen nicht möglich gewesen.
Paulus wusste, dass seine Schau eine Ausnahme war, ein verfrühtes
Erlebnis. Daher sagte er über sich selbst: „*Als letztem nach allen ist Er
auch von mir, einer unzeitigen Geburt, gesehen worden."* (1. Korinther
15:8)

Im Laufe des 3. Jahrtausends, an dessen Anfang wir stehen, wird diese Schau immer mehr Menschen möglich werden. Schon seit dem
20. Jahrhundert können wir im Leben nach dem Tode von Christus bis
nahe an den Budhiplan heran geführt werden, um in der großen Mitternachtsstunde des Daseins mit Kräften aus dessen zweiter Sphäre erfüllt

---

[131] GA 130 „Das esoterische Christentum und die geistige Führung der Menschheit", Mailand, Vortrag vom 21. September 1911.

[132] GA 121 „Die Mission einzelner Volksseelen", Kristiania (Oslo), Vortrag vom
17. Juni 1910.

zu werden, jener Sphäre, die besonders mit dem Ätherleib in Verbindung steht.

Aus diesem Grunde leiten auch die von Rudolf Steiner formulierten Wochensprüche des Anthroposophischen Seelenkalenders, wenn sie meditiert werden, den Meditierenden in seinem Empfinden bis hinauf zur zweiten Sphäre des Budhiplans. Entwickeln wir an diesen Wochensprüchen unser Empfinden, so bereiten wir uns darauf vor, beim nächsten nachtodlichen Aufstieg in die höheren Welten länger unser Bewusstsein bewahren zu können und alles, was wir dort erleben dürfen, besser verstehen zu können. Das wiederum ermöglicht uns dann, mehr von den uns angebotenen Kräften aufzunehmen und ins nächste Erdenleben mit hinunter zu tragen. Der Autor hat diese Zusammenhänge ausführlich in seinem Buch „Der anthroposophische Seelenkalender und der Inkarnationskreislauf des Menschen" beschrieben.

Je bewusster wir die einzelnen Etappen unseres Daseins in den höheren Welten durchlebt haben, um so deutlicher werden sie sich dann auch in den Jahrsiebten unseres nachfolgenden Erdenlebens widerspiegeln können. Wir werden dann im Alter von 77 bis 84 Jahren, so uns das gnadenvoll gewährt wird, besonders empfänglich werden können für einen Nachklang des höchsten uns erreichbaren Geschehens zwischen zwei Inkarnationen, der Berührung mit der zweiten Sphäre des Budhiplans in der großen Mitternachtsstunde des Daseins.

Die Jahre des 12. Jahrsiebtes sind daher besonders geeignet, sich mit dem Phänomen der Wiederkehr des Christus in ätherischer Gestalt zu beschäftigen. Wer sich diesem Thema innig widmet, wird sich dadurch auf die Begegnung mit Ihm vorbereiten, gleichgültig ob sie schon vor dem Tode oder erst danach stattfinden wird.

Wir sehen, dass wir mit jedem Jahrsiebt, das wir auf der Erde erleben dürfen, Christus tatsächlich immer näher kommen, ihm entgegenwachsen, ihm entgegenreifen.

Das 13. und 14. Jahrsiebt
(Alter: 84 – 91 Jahre und 91 – 98 Jahre)

Das Einströmen der Budhi in die Menschen erfolgt in mehreren Schritten. Wenn es in so umfassender Weise geschehen soll, wie es erforderlich ist, damit die Menschheit bis zum Ende der Erdenzeiten ihr Entwicklungsziel erreichen kann, müssen ihr Kräfte aus noch weiteren Regionen des Budhiplans zugänglich gemacht werden. Dadurch wird sich Christus der Menschheit auf immer höhere Weise offenbaren können.

„Das nächste Ereignis ist also das, dass die Menschen den Christus auf dem Astralplan in ätherischer Gestalt schauen, und die, die dann auf dem physischen Plan leben und angenommen haben die Lehren der Geisteswissenschaft, werden ihn wahrnehmen. Diejenigen aber, die dann nicht mehr leben, die sich jedoch vorbereitet haben durch geisteswissenschaftliche Arbeit, die werden ihn dann noch schauen im Äthergewande zwischen ihrem Tod und einer neuen Geburt. [...]

Dann wird ein Zeitalter kommen, wo im Menschen noch höhere Kräfte erwachen. Das wird das Zeitalter sein, wo sich Christus in noch höherer Weise offenbart: in einer astralen Gestalt in der niederen Devachanwelt.

Und das letzte Zeitalter der moralischen Impulse wird dasjenige sein, wo die Menschen, die durch die anderen Stufen hindurchgegangen sind, den Christus sehen in seiner Glorie, als Gestalt des größten Ich, als das vergeistigte Ich-Selbst, als großen Lehrer der menschlichen Entwickelung im oberen Devachan.“ [133]

Das Zeitalter, in dem sich Christus als astrale Gestalt in der niederen geistigen Welt zeigen wird, ist das Wassermann-Zeitalter, welches auf

---

[133] GA 130 „Das esoterische Christentum und die geistige Führung der Menschheit“, Leipzig, Vortrag vom 4. November 1911.

das unsrige folgen wird. Bei einer durchschnittlichen Dauer der Zeitalter von 2160 Jahren wird es sich vom Jahre 3573 an bis zum Jahre 5733 n. Chr. erstrecken.

Das anschließende Zeitalter, in dem sich Christus „als Gestalt des größten Ich" in der höheren geistigen Welt zeigen wird, ist das Steinbock-Zeitalter. Es ist das siebente und letzte der ersten großen nachatlantischen Epoche, das mit dem Jahre 5733 beginnen und mit dem „Krieg aller gegen alle" enden wird.

Im Kapitel zum 11. Jahrsiebt wurde bereits erläutert, dass wir im Alter von 70 bis 77 Jahren besonders empfänglich werden für Einflüsse aus der e r s t e n Sphäre des Budhiplans, die mit dem physischen Leib in Verbindung steht sowie mit dem Erscheinen des Christus in physischer Gestalt auf der Erde.

Im Kapitel zum 12. Jahrsiebt wurde auf unsere Empfänglichkeit im Alter von 77 bis 84 Jahren für Einflüsse aus der z w e i t e n Sphäre des Budhiplans hingewiesen, die mit dem Ätherleib in Beziehung stehen und das Erscheinen des Christus in ätherischer Gestalt ermöglichen.

Daher stellt sich nunmehr bei der Betrachtung des 13. Jahrsiebtes die Frage: Werden wir im Alter von 84 bis 91 Jahren etwa schon empfänglich für Einflüsse aus der d r i t t e n Sphäre des Budhiplans, die mit dem Astralleib in Zusammenhang stehen und das Erscheinen des Christus in astraler Gestalt ermöglichen werden? Und können wir im noch späteren Alter von 91 bis 98 Jahren womöglich sogar schon für Kräfte aus der v i e r t e n Sphäre des Budhiplans empfänglich werden, die Einfluss auf das Ich des Menschen haben und die Offenbarung des Christus als makrokosmisches Ich ermöglichen werden?

Diese beiden Fragen müssen sicherlich verneint werden, denn eine solche Empfänglichkeit würde voraussetzen, dass uns Christus den Zugang zur dritten und vierten Sphäre des Budhiplans heute schon eröffnet hat, sodass wir in der Mitte zwischen zwei Inkarnationen, in der großen Mitternachtsstunde des Daseins, Kräfte von dort aufnehmen könnten. Das ist nicht der Fall, sondern das wird erst im nächsten und übernächsten Zeitalter stattfinden. Bis dahin bleibt es unsere Aufgabe, unsere Hinwendung zum ätherischen Christus zu intensivieren, was am besten durch ein vertieftes Studium der Anthroposophie geschehen kann.

Noch etwas anderes gilt es zu berücksichtigen. Damit die Menschen mit den Kräften der dritten Sphäre des Budhiplans überhaupt in Berührung kommen können, müssen sie der untersten Sphäre der physischen Welt und den zu ihr gehörenden physischen Menschenleibern enthoben werden. Schon auf unserer heutigen Entwicklungsstufe, in der uns durch die Kräfte der zweiten Sphäre des Budhiplans die Möglichkeit eröffnet worden ist, Christus in seiner ätherischen Gestalt begegnen können, sind wir mit unserem physischen Leib nicht mehr so eng verbunden, wie es noch bei den alten Griechen der Fall war.

„Aber mit jeder Inkarnation ziehen wir uns eigentlich mehr aus der Körperlichkeit heraus und schweben mehr über der Körperlichkeit drüber. Wenn das nicht so wäre, so würde es ohnedies um die Fortentwickelung der Menschheit schlimm stehen. Wenn der Mensch ganz darauf angewiesen bliebe, das nur zu sein, was die Griechen waren, dann würde es schlecht stehen um die Menschheitsentwickelung." [134]

Jede Eröffnung einer weiteren Sphäre des Budhiplans erschwert die Möglichkeit, in einem physischen Leib zu inkarnieren. Das wird zu einem großen Wandel für die Menschen führen. Zu Beginn des Wassermannzeitalters, im Jahre 3573, werden sie aufgrund des allgemeinen „Jüngerwerdens" immerhin noch bis zum Alter von 21 Jahren reifen. Am Ende des Wassermannzeitalters, wenn dann mit dem Jahre 5733 das nachfolgende Steinbockzeitalter beginnt, werden sie jedoch nur noch bis zum Alter von 14 Jahren reif werden können. Das ist jenes Alter, in dem

---

[134] GA 177 „Die spirituellen Hintergründe der physischen Welt – Der Sturz der Geister der Finsternis", Dornach, Vortrag vom 7. Oktober 1917.

die Fortpflanzungsorgane ihre körperliche Reifung vollenden. Das weitere Jüngerwerden der Menschheit ist daher mit dem zunehmenden Verlust der physisch-leiblichen Fortpflanzungsmöglichkeit verbunden.

„Es wird ein Jahr kommen in der physischen Erdenentwickelung, dieses Jahr wird, sagen wir, ungefähr das Jahr 5700 und einiges sein, in diesem Jahre, oder um dieses Jahr herum, wird der Mensch, wenn er seine r i c h - t i g e Entwickelung über die Erde hin vollzieht, nicht mehr die Erde so betreten, dass er sich verkörpert in Leibern, die von physischen Eltern abstammen. Ich habe öfters gesagt, die Frauen werden in diesem Zeitalter unfruchtbar. Die Menschenkinder werden dann nicht mehr in der heutigen Weise geboren, w e n n d i e E n t w i c k e l u n g ü b e r d i e E r d e h i n n o r m a l v e r l ä u f t.“[135]

Es ist jedoch damit zu rechnen, dass die normale Entwicklung bis zum Jahr 5700 hin, das heißt bis zum späten 6. Jahrtausend n. Chr., einem starken ahrimanischen Einfluss ausgesetzt sein wird, der zum Ziel haben wird, die Inkarnationsmöglichkeit in physischen Leibern über die normale Entwicklung hinaus in unrechtmäßiger Weise und zum Schaden der Menschheit bis ins 7. Jahrtausend hinein zu verlängern.

„Über eine solche Tatsache darf man sich keinen Missverständnissen hingeben. Es könnte zum Beispiel auch folgendes eintreten: Es könnten die ahrimanischen Mächte, welche unter dem Einfluss der gegenwärtigen Menschenimpulse sehr stark werden, die Erdenentwickelung verkehren; sie könnten die Erdenentwickelung in gewissem Sinne pervers machen. Dadurch würde – gar nicht zum Menschenheile – über diese Jahre im 6. Jahrtausend hinaus die Menschheit in demselben physischen Leben erhalten werden können. Sie würde nur sehr stark v e r t i e r e n; aber sie würde in diesem physischen Leben erhalten werden können. Das ist eine der Bestrebungen der ahrimanischen Mächte, die Menschheit länger an

---

[135] GA 196 „Geistige und soziale Wandlungen in der Menschheitsentwicklung“, Dornach, Vortrag vom 18. Januar 1920.

die Erde zu fesseln, um sie dadurch von ihrer Normalentwickelung abzu-
bringen. Aber wenn die Menschheit wirklich das ergreift, was in ihren bes-
ten Entwickelungsmöglichkeiten liegt, so kommt einfach im 6. Jahrtausend
diese Menschheit zum Irdischen in eine Beziehung, die für weitere
zweieinhalb Jahrtausende so ist, dass der Mensch zwar noch mit
der Erde ein Verhältnis haben wird, aber ein Verhältnis, das sich nicht
mehr darin ausdrückt, dass physische Kinder geboren werden. Der Mensch
wird gewissermaßen als Geist-Seelenwesen – um es anschaulich aus-
zudrücken, will ich sagen: in den Wolken, im Regen, in Blitz
und Donner rumoren in den irdischen Angelegenheiten.
Er wird gewissermaßen die Naturerscheinungen durch-
vibrieren; und in einer noch späteren Zeit wird das Verhältnis zum Ir-
dischen noch geistiger werden." [136]

In einem anderen Vortrag sagte Rudolf Steiner zum selben Thema:

„Die Dinge werden ja allerdings etwas schwieriger werden, wenn in der
Zukunft, etwa im 6. oder 7. Jahrtausend der Erdenentwickelung, der
Mensch eine ganz andere Gestalt annehmen wird. Sie wer-
den sich wundern, dass ich dies sage. Aber es ist tatsächlich so, weil im
6. oder 7. Jahrtausend die Frau unfruchtbar werden wird, nicht mehr zur
Reife kommen, sondern unfruchtbar bleiben wird. Der Mensch wird dann
in einer wesentlich geistigeren Gestalt mit der Erde in Ver-
bindung sein." [137]

Im Verlaufe des Steinbockzeitalters, in dem die Menschen durch das
allgemeine Jüngerwerden anfangs nur noch bis zum 14. Lebensjahr,
gegen Ende hin aber nur noch bis zum 7. Lebensjahr würden reifen
können, verliert sich die Möglichkeit zur Inkarnation in einem physischen Menschenleib.

---

[136] Ibidem.

[137] GA 343a „2. Priesterkurs", Dornach, Vortrag vom 6. Oktober 1921, nachmit-
tags.

Die beiden folgenden Zeitalter des Schützen und des Skorpions, welche im Prozess des Jüngerwerdens der Menschheit mit dem 1. Jahrsiebt und dem Embryonalleben in Beziehung stehen, gehören bereits der sechsten großen Epoche oder zweiten großen nachatlantischen Epoche an, nach dem großen Krieg aller gegen alle. Dann wird eine völlig neue Ordnung auf der Erde herrschen mit einer ätherischen Menschheit, die sich nur noch lose mit physischen Stoffen verbinden wird. Hierin wird die zweite große Erdepoche, die Hyperboräische Epoche, als die Menschen sich nur mit ätherischen Leibern umgaben und in der Atmosphäre über der glühenden Erde schwebten, ihre Spiegelung finden.

Erst mit der dritten großen Erdepoche, der Lemurischen Epoche, begannen die menschlichen Inkarnationen. Mit dem Ende unserer fünften großen Epoche werden sie ihr Ende finden. Wir sind eben nur für begrenzte Zeit „Erdenwesen". In Wirklichkeit sind wir kosmische Wesen.

Von einem „Inkarnationskreislauf" wird man in der sechsten großen Epoche nicht mehr sprechen können, denn wir werden dann nicht mehr so weit herabsteigen, dass wir in „carne" (lat. Fleisch) einziehen. Stattdessen werden wir auf unserem großen „Lebenskreislauf" höher in den Budhiplan hinauf geführt werden. Mit Hilfe der Kräfte, die uns von dort zuströmen, werden wir uns bis zum Ende der Erdevolution vollständig vom physischen Globus lösen und unter der Führung der Christus-Wesenheit in einen astralen Zustand übergehen, um unsere Entwicklung auf höheren Stufen fortzusetzen.

Abbildungsverzeichnis

Abb. 1:   Die vier Reiche der Erde und die vier Daseinsarten   12

Abb. 2:   Die vier Wesensglieder des Menschen in Bezug auf die
menschliche Gestalt   13

Abb. 3:   Der Mensch als mikrokosmisches Abbild des Makrokosmos   17

Abb. 4:   Die sieben Lebenstätigkeiten des irdischen Menschenleibes   18

Abb. 5:   Die Zwölfgliederung des Menschen gemäß dem Tierkreis
(aus dem Stundenbuch des Herzogs von Berry)   20

Abb. 6:   Rudolf Steiners Skizze zum Zusammenhang des menschlichen
Lebenslaufes mit den sieben Planetensphären   26

Abb. 7:   Die 12 Daseinsebenen und 14 Erlebnisstufen des Menschenwesens   29

Abb. 8:   Rudolf Steiners Skizze eines menschlichen Embryos   41

Abb. 9:   Spiegelungen der Mondensphäre und der Merkursphäre
im irdischen Lebenslauf   42

Abb. 10: Gegenseitige Durchdringungen der Monden-, Merkur- und
Venussphäre sowie ihre Spiegelungen im irdischen Lebenslauf   52

Abb. 11: Spiegelungen der Sphären der niederen und höheren Seelenwelt
im irdischen Lebenslauf   63

Abb. 12: Gegenseitige Durchdringung der Planetensphären der höheren
Seelenwelt mit denen der niederen geistigen Welt   67

Abb. 13: Die Beziehung der menschlichen Wesensglieder zu den einzelnen
Jahren eines jeden Jahrsiebtes   104

Abb. 14: Schema einer Tabelle zur Erstellung eines Lebensplans   111

Abb. 15: Die sieben Regionen der geistigen Welt und ihre gegenseitigen
Beziehungen   127

Abb. 16: Übersicht zur Spiegelung des vorgeburtlichen Daseins in den
Jahrsiebten des Erdenlebens   135

Abb. 17: Die sieben Wesensglieder des Christus und die sieben Wesensglieder des Menschen   153

Abb. 18: Bewusstseinsentwicklung der Menschheit in den verschiedenen
Zeitaltern und in den Jahrsiebten des Erdenlebens   159

Roland Schrapp

Herausgeber:
BoD – Books on Demand

Großformat (DIN A4)
272 Seiten, 27 Abbildungen

Paperback (Klebebindung):
ISBN-10: 3750498970
ISBN-13: 978-3750498976

Hardcover (Fadenbindung):
ISBN-10: 3751972978
ISBN-13: 978-3751972970

Das Buch wirft einen gänzlich neuen Blick auf den anthroposophischen Seelen-kalender. Es widmet sich dem tieferen Sinn der zweiundfünfzig Wochensprüche, welcher in den vergangenen hundert Jahren seit der Erstausgabe durch Rudolf Steiner im Wesentlichen unerschlossen geblieben ist. Ein dichter Schleier der Isis liegt darüber, von dem es bekanntlich heißt, dass kein Sterblicher ihn zu lüften vermag. Allein der unsterbliche, seelisch-geistige Mensch, der sich in den jenseitigen, höheren Welten beheimatet weiß, ist dazu in der Lage. Nur ihm enthüllen sich die Wochensprüche als ein Reiseführer durch eben jene Welten und erheben ihn in immer höhere geistig-kosmische Reiche bis zum Gottes-erleben, von wo er geistbereichert und seelenbefruchtet schrittweise wieder hinabsteigt in ein neues Erdenleben. Lässt sich der Leser auf diese Reise ein, enthüllt sich ihm letztlich das geistige Urbild des Seelenkalenders und er gelangt zu einem erweiterten Menschen- und Christus-Verständnis. Durch viele Zitate aus Vorträgen und Büchern Rudolf Steiners lässt der Autor diesen gewisser-maßen selbst die atemberaubenden Geistestiefen seiner geheimnisvollen Wochensprüche enthüllen.

Roland Schrapp

Herausgeber:
BoD – Books on Demand

Paperback: 81 Seiten
6 Abbildungen

ISBN-10: 3754396269
ISBN-13: 978-3754396261

Das Buch ist keine bloße Zusammenfassung von Rudolf Steiners Aussagen über den Zusammenhang der Tierkreiskräfte mit den Zeitaltern, sondern es bietet eine ganze Reihe neuer Gesichtspunkte zur Astrologie, Astronomie und der Kulturgeschichte der Menschheit. Der Autor beschreibt zunächst den Ursprung der Tierkreisbilder gemäß den Aussagen Rudolf Steiners. Anschließend wird erörtert, weshalb diese Bilder weder mit den Tierkreiszeichen der traditionellen Astrologie noch mit den physisch sichtbaren Sternkonstellationen übereinstimmen und welche Rolle die Astronomie der alten Griechen hierbei spielt. Auch wird begründet, weshalb beim Erstellen eines Horoskopes die Planetenpositionen nicht einfach unverändert aus den Ephemeriden übernommen werden dürfen. Sie benötigen eine Korrektur infolge der Präzession des Frühlingspunktes. Das macht das Buch zu einem "Muss" für jeden astrologisch Interessierten. Ein weiteres Thema ist die unterschiedlich lange Dauer der Zeitalter und welche Fragen sich daraus für die moderne Astronomie ergeben. Schließlich wird am Beispiel der europäischen Kulturentwicklung der letzten tausend Jahre dargelegt, dass sich jedes Zeitalter in zwölf kleinere Kulturabschnitte gliedert, die in ihren Eigenschaften genau der Reihe der Tierkreiskräfte entsprechen. So wird erst verständlich, weshalb die kulturelle Entwicklung der Menschheit gerade so verlaufen ist, wie es nun einmal geschehen ist.

Roland Schrapp

Herausgeber:
BoD – Books on Demand

Paperback: 198 Seiten
Großformat (DIN A4)
253 meist farbige Abbildungen

ISBN-10: 3751921648
ISBN-13: 978-3751921640

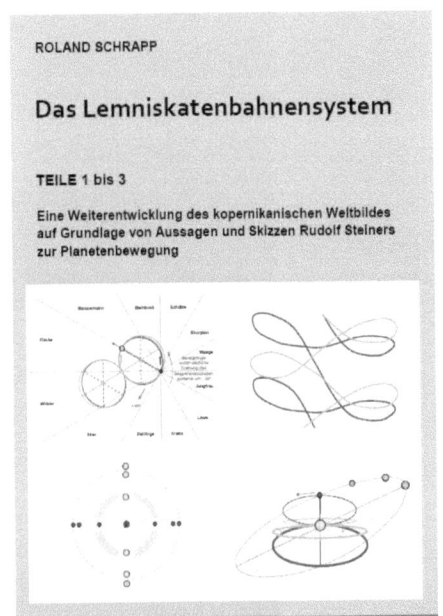

ROLAND SCHRAPP

Das Lemniskatenbahnensystem

TEILE 1 bis 3

Eine Weiterentwicklung des kopernikanischen Weltbildes
auf Grundlage von Aussagen und Skizzen Rudolf Steiners
zur Planetenbewegung

Eine Weiterentwicklung des kopernikanischen Weltbildes auf Grundlage von Aussagen und Skizzen Rudolf Steiners zur Planetenbewegung.

Rudolf Steiners über mehrere Vortragszyklen verteilte Aussagen und Skizzen zum Thema der Lemniskatenbahnen der Planeten wurden erstmals nach fast hundert Jahren in einen größeren Zusammenhang gebracht und auf sich daraus ergebende Konsequenzen untersucht. Steiners Anregungen zu einer Neubetrachtung der Planetenbewegung wurden aufgegriffen und versucht, sie im vorgegebenen Sinne weiter zu entwickeln. Daraus ist die Arbeit „Das Lemniskatenbahnensystem" entstanden. Die Abhandlung umfasst 192 Seiten mit 253 meist farbigen Abbildungen. Die Teile 1 und 2 wurden vorab in der Zeitschrift JUPITER veröffentlicht, herausgegeben von der Mathematisch-Astronomischen Sektion am Goetheanum in Dornach: JUPITER September 2010 (Vol. 5 Nr. 1) und JUPITER September 2011 (Vol. 6 Nr. 1).